역적의 아들 정조

역적의 아들 정조

설민석 지음

'비극 3대'를 말하다

몇 년 전의 일입니다. 강의를 준비하면서 정조에 대한 책들을 읽고 있을 때였어요. 정조의 삶을 책과 기록을 통해 정리하면서, 문득 '조선의 왕 중에 이렇게 힘겨운 삶을 살았던 인물이 있었을까?'라는 생각이 들었습니다. 아버지의 업業으로 인해 왕이 되기 전부터 이미 사방에는 적들뿐이었고, 무서운 할아버지 때문에 어머니는 그저 조용히 지켜보기만 할 뿐이었던 남자. 왕이 된 후에도 끊임없이 정치적 제거의 위험에 노출되어 항상 불안함을 가득 지닌 채 왕좌에 앉아 있어야만 했던 정조. 어린 나이부터 죽을 때까지 늘 외로웠던 남자가 바로 정조가 아닐까 생각했습니다. 그러다 보니 자연히 저의 시선은 그의 아버지 사도세자와 할아버지 영조에까지 이르게 되었습니다. 이 3대에 감정을 이입해 보니 이건 그 어떤 드라마보다 더 극적이고 아픈 이야기였습니다. 그러면서 이 '비극 3대'가 시작되었습니다.

'비극 3대'는 서로 얽히고설켜 있는 영조와 사도세자, 그리고 정조의 삶을 하나로 묶어서 보려는 저만의 시각입니다. 이 세 사람을 따로 떼어놓고 이해하는 것은 불가능합니다. 이 삼부자의 연관 속에서 그들의 삶을 들여다보면, 절대악도 절대선도 아닌 그저 운명의 파도에 휩쓸려가는 평범하고도 슬픈 인물들이 보입니다.

아들을 죽인 남자 영조.
아버지에게 죽임을 당한 남자 사도세자.
그리고 죽어가는 아버지를 바라봐야만 했던 남자 정조.

이 비극의 시작점으로 거슬러 올라가보면, 그곳에는 정조의 증조부인 숙종이 있습니다. 조상의 잘못된 업이 후대에 트라우마가 되어 영향을 주는 악순환이 이 3대의 삶과 죽음에 묻어나는 것이죠. 이 3대에게는 각각의 이유와 아픔이 있었습니다. 그래서 이 책에서는 그런 각각의 사연 가운데 먼저 정조의 이야기를 해 보려고 합니다.

저의 강의 스타일은 친근함과 누구라도 쉽게 역사를 이해할 수 있는 것을 추구합니다. 따라서 이 책의 서술은 소설의 형식을 차용하여, 역사적 사실을 기반으로 '역사적 상상력'을 동원하여 표현하였습니다. 역사 강의 전문가라는 이름이 부끄럽지 않도록 『조선왕조실록』과 『홍재전서』, 『한중록』 등 다양한 관련 서적을 찾아보며 역사 고증도 치밀하게 하였습니다. 정조에 대한 애정을 한 권의 책으로 엮어내는 데는 많은 분들의 도움이 있었습니다. 특히 이 책의 시작과 끝을 책임져준 휴먼큐브 출판사 황상욱 대표님, 집필을 응원해주고 조언해준 이은령 선생님, 구성과 편집에 도움을 준 휴먼큐브 편집부에 감사드립니다.

제가 정조라는 인물에 대해서 한창 고민하고 생각하고 있을 때, 마침 영화 〈역린〉이 개봉한다고 합니다. 임금을 넘어 한 인간으로서의 정조를 바라보는 저의 시각과 영화 〈역린〉의 제작의도가 일치하는 부분이 있어 영화 프로모션에도 동참하게 되었습니다. 여러분이 영화도 즐기시고, 저의 강의도 즐기시고, 더불어 이 책도 함께 보신다면 정조의 인간적이면서도 역동적인 삶에 한층 더 가까워질 것이라 생각합니다. 이 책으로 '한국사의 대중화'를 실현하는 데 미약하나마 저의 힘을 보탤 수 있어서 행복합니다.

2014년 벚꽃이 흩날리는 어느 날

설민석

『역적의 아들, 정조』 사용설명서

이 책은 총 6개의 장으로 구성되어 있습니다.

각 장은 다시 3단계로 나뉘어 있습니다.

✹1단계_ 그때 그 사건

역사적인 장면을 소설 형식으로 만난다.

: 사료를 바탕 삼아 가장 중요한 사건을 소설 형식으로 재구성합니다. 어렵고 지루한 역사적 사실을 독자 여러분이 이해하기 쉽게 소설 형식을 가미하여 풀었습니다. 그러나 이 장면 구성은 철저히 역사적 사실에 근거한 것입니다. 영화의 한 장면, 드라마 속 한 장면을 떠올리시면 됩니다. 당시 역사 속 인물의 감정과 생각을 체험해보며 200년 전으로의 여행을 시작하는 것이죠.

⊕ 2단계_ 설민석의 역사 특강

쉽고 재미있는 저자 강의를 만난다.

: 스타 강사인 설민석 선생님의 쉽고 재미있는 역사 강의를 만나게 됩니다. 1단계에서 소설 형식으로 재구성한 장면을 분석하여 왜 그럴 수밖에 없었는지, 어떤 역사적인 근거와 맥락이 숨어 있는지, 우리가 이 사건을 통해 무엇을 알아야 하고 느껴야 하는지 등에 대해 여러분에게 명쾌한 강의를 선물합니다. 이 단계에서 19년차 스타 강사의 진면목을 느끼실 수 있습니다.

⊕ 3단계_ 설민석의 심화 특강

역사 자료를 보다 자세하게 만난다.

: 1, 2단계에서 언급된 역사 속 인물, 사건 등에 대해 독자 여러분이 어려움을 느끼실 만하거나 자세한 부연설명이 필요한 경우, 3단계에서 철저한 고증을 거친 사료를 제시합니다. 이렇게 3단계 과정을 거치는 동안 여러분은 자연스레 한국사의 주요 이슈를 마스터할 수 있게 됩니다. 이로써 그날의 역사에 한층 더 가까이 다가서게 될 것입니다.

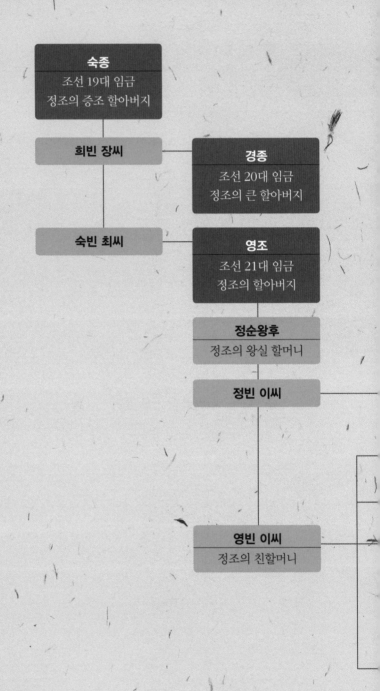

효장세자

정조의 큰아버지
입적 후 아버지

화평옹주

화협옹주

사도세자

정조의 친아버지

혜경궁 홍씨

정조의 친어머니

화완옹주

어린 정조를 돌봐준 고모

정조

조선 22대 임금

수빈 박씨

순조

조선 23대 임금
정조의 아들

한눈에 요약하는 정조의 인생 일기

장면 1		장면 2	장면 3	장면 4	장면 5	장면 6
어린 시절		동궁 시절	즉위 후 1년간	암살 미수 사건 후	대왕의 업적	죽음, 그 이후
영조 28년	영조 38년	영조 51년	정조 즉위년	정조 1년	정조 19년	정조 24년
1752년 (9.22)	1762년 (윤5.13)	1775년 (어느 날)	1776년 (3.10)	1777년 (7.28)	1795년 (윤2.9)	1800년 (6.28)
탄생	사도세자 뒤주에 갇힘	협박 편지	즉위식	존현각 사건	화성 행차	죽음

역린,
왕의 트라우마 – 왕의 분노

어린 시절

◎ 일시 ◎

영조 38년(1762년) 윤 5월 13일

◎ 사건 장면 ◎

영조가 아들 사도세자에게 자결을 명하고,
정조는 할아버지 영조에게 아버지를 살려달라고 외친다.

◎ 강의 내용 ◎

– 숙종, 영조, 무수리 최씨, 사도세자, 혜경궁 홍씨 등 가족관계
– 영조 인물 탐구
– 사도세자의 성품과 정조

쿵!

쿵! 쿵! 쿵!

흥분한 영조가 칼을 바닥에 내리찧는 소리는 벽을 넘어 선명하게 들릴 정도로 날카로웠다. 담벼락 밖에서 숨을 죽이고 있던 어린 정조, 이산에게 이 소리가 들리지 않을 리 없다. "쿵! 쿵! 쿵! 쿵!" 이산에게는 이 소리가 칼로 바닥을 치는 소리가 아니라 자신의 심장을 찧는 소리처럼 아프게 들렸다.

한여름의 찌는 듯한 더위에 이산은 속옷까지 흠뻑 젖어 있었다. 아침부터 물 마시는 것조차 잊고 극도로 긴장한 탓에 굳게 다문 입에서는 단내가 나는 것 같았다. 다리 힘이 다 빠져 더 이상 자신의 어리고 작은 몸도 가누기 버거울 정도였다. 가물가물한 정신을 놓지 않으려 표가 나지 않게 안간힘을 쓰고 있었음에도 이산은 이미 하늘이 노랗게 보일 지경이었다.

아침부터 어머니 혜경궁 홍씨가 곁에 있었지만, 이미 그녀도 아들의 상태를 살펴볼 수 있는 지경이 아니었다. 그녀 역시 이산과 똑같은 심정이었으리라.

공포였다. 이산을 힘들게 만드는 것은 공포였다. 어떤 공포가 한 나라의 세손, 왕의 손자를 이토록 떨게 했을까? 이미 해는 뉘엿뉘엿 넘어가고 있었다.

이른 새벽부터 어디론가 다녀온 영조의 얼굴에는 결의에 찬 표정이 어려 있었다. 아침상도 받지 않은 채 영조는 전쟁터에 나가는 장수처럼 갑옷을 입고 큰 칼을 차고 모든 대신들을 불러 모았다. 그리고 이산의 아버지, 사도세자가 그 한가운데 죄인처럼 무릎을 꿇고 앉아 있었다. 아침부터 내리쬔 강한 햇살 탓에 이미 휘령전에는 열기가 가득했다. 그러나 그곳의 누구도 더위 따위를 생각할 여유가 없었다.

"죽어라!"

장면 1. 역린, 왕의 트라우마 - 왕의 분노

긴 침묵 끝에 나온 영조의 첫 마디는 충격적이었다. 하지만 영조는 흥분하지도 않았으며 어느 때보다 확신에 찬 어조로 말을 뱉었다. 다만 휘령전에 있던 사람들이 놀란 까닭은 그 말이 영조의 아들, 사도세자를 향하고 있었기 때문이었다.

"아버님, 아버님! 잘못했사옵니다. 이제는 하라 하신 대로 하고 글도 읽고 말씀도 들을 것이니 이리 마소서!"

거칠게 갈라져나오는 사도세자의 목소리는 절규를 넘어 애원에 가까웠다. 그 소리를 듣는 어린 이산은 애간장이 끊어지는 아픔에 눈앞이 막막하여 가슴을 연신 두드려봤으나 아무 소용이 없었다. 모든 사람이 미치광이라 손짓하고 피했지만 자신에게만은 누구보다 자상한 아비였다. 사도세자는 아무리 바쁘고 힘들더라도 잠들어 있는 아들 이산의 얼굴이라도 봐야 잠을 잘 수 있을 정도로 이산을 아꼈다. 그런 아비의 사랑을 누구보다도 잘 알고 있는 사람 또한 이산이었다.

그런데 그런 아버지에게 지금 할아버지가 죽음을 명하고 있다. 어린 이산이 듣기에도 할아버지의 명은 결코 흥분해서 즉흥적으로 나온 말이 아니었다. 그리고 지금까지 이산이 본 영조는 하지 않을 일은 입 밖에 내지도 않는 사람이었다. 그러니 이 말은 진심일 것이다. 아버지는 정말 죽어야 하는 것이다. 이런 생각이 치밀어오르자 이산은 당장이라도 영조에게 달려가고 싶었다. 하지만 그의 마음은 이미 만신창이였다. 두려움에 몸을 움직일 수조차 없었다.

그때였다. 잘못을 빌고 있는 사도세자에게 영조가 칼을 겨누려 했다. 그 칼끝을 본 이산은 제정신이 아니었다. 정신을 차렸을 때는 이미 영조 앞에 무릎을 꿇고 있었다. 어머니 혜경궁 홍씨가 가까이 있었지만 말려볼 시간도 없이 그렇게 이산은 영조 앞으로 달려가 무릎을 꿇었다.

"아비를 살려주시옵소서. 아비를 살려주시옵소서. 아비를 살려주시옵소서!"

이산은 울면서 소리쳤다. 그러나 영조는 이미 마음을 먹은 터였다. 그토록 어여삐 여기던 손자였지만, 영조에게 사도세자는 아들이 아닌 역적이었다. 영조는 차갑게 이산을 뿌리치며 말했다.

"나가라!"

이윽고 곁에 있던 대신들이 이산을 끌어냈다. 있는 힘껏 발 버둥 쳐보았지만 이미 이산은 모든 기력을 영조 앞에서 쏟은 후 였다. 그렇게 잠깐의 소동이 지나갔다.

이산이 끌려나가는 것을 조용히 바라보던 사도세자가 곧이 어 다시 입을 열었다. 그토록 끔찍이 여기던 아들을 위해서였을 까. 사도세자는 결심을 굳힌 듯 이전과는 다르게 낮은 목소리로 당당하게 말했다.

"알겠습니다. 소자가 죽겠습니다."

이렇게 말하고 사도세자는 목을 매려 했다. 그러나 대신들 이 몰려와 줄을 풀고 사도세자를 끄집어냈다. 그러자 사도세자 는 다시 벽으로 달려가 있는 힘껏 머리를 박으려 했다. 그러나 이마저도 몸을 날려 벽을 가로막는 대신들 때문에 허사가 되었 다. 사도세자의 행동이 몇 번이고 무위로 돌아가자 영조는 신경 이 극도로 날카로워졌다. 영조는 사도세자를 막는 대신들을 향해 언성을 높이고, 언성을 높여도 안 되자 칼을 휘두르며 막으려 했다.

하지만 대신들은 세자가 죽는 것을 가만히 지켜볼 수가 없었다. 어쩌면 세자가 죽는 것을 원하던 사람들일지 모르지만, 그래도 영조를 제외하곤 그 누구도 세자가 정말 죽을 것이라고는 생각하지 못했다. 그렇다면 훗날 왕이 될 사도세자의 눈 밖에 나서는 안 될 일이다. 파직이 문제가 아니었다. 그간 대신들이 보아온 사도세자는 능히 목숨을 앗아갈 수도 있는 사람이었다. 그래서 더욱이 죽으려는 세자를 가만둘 수 없었다. 영조와 사도세자, 대신들 간의 실랑이는 끝이 보이지 않았다. 한여름 무더위 속에, 벼랑 끝에서 외줄을 타는 듯한 긴장감 속에 하루 종일 있었던 탓일까, 휘령전의 모든 사람은 이미 녹초가 되어 있었다.

영조는 사도세자에게 등을 진 채 눈을 감았다. 영조의 표정에는 많은 것이 담겨 있었다. 어디서부터 잘못된 것일까. 정말 아끼던 아들이었다. 큰아들 효장세자가 어린 나이에 세상을 뜨고 뒤늦게 본 아들이 사도세자였다. 그러니 어찌 아끼지 않을 수가 있었을까. 거기다 사도세자는 영특하기가 비할 데 없었다. 그런 사도세자를 영조는 하루 종일 곁에 두고 만나는 사람마다 자랑을 했다. 그런데 기대가 컸던 탓일까? 사도세자의 행동 하나하나가 영조의 눈에 차지 않기 시작했다. 영조는 점점 사도세자에게 엄해졌고, 그런 영조를 향한 사도세자의 일탈도 점점 위험수위를 넘어섰다. 그러다 결국 부자는 이런 지경에까지 이른 것이다. 벽을 바라보며 생각에 잠겨 있던 영조가 오랜 침묵 끝에 다시 입을 열었다.

"가둬라."

방 안으로 뒤주가 들어왔다. 뒤주를 본 사도세자는 다급해졌다. 그리고 다시 극도로 난폭해지기 시작했다.

"아버님! 이러지 마시옵소서. 살려주시옵소서. 살고 싶습니다. 살려만 주시옵소서!"

피를 토하듯 절규하는 사도세자를 병사들이 가두려 하자 사도세자는 주먹을 휘두르고 병사들의 칼을 빼앗으려 난리를 쳤다. 그러나 이내 병사들에게 진압되고, 이를 지켜보던 영조는 말없이 자리를 떴다.

"네 이놈들! 나는 반드시 여기에서 다시 나올 것이다. 네놈들의 얼굴을 똑똑히 기억할 것이다. 똑같은 벌을 내릴 것이다. 이놈들아!"

사도세자는 마지막으로 악을 쓰며 뒤주로 들어갔다. 모든 대신이 차마 고개를 들지 못하고 휘령전을 나갔다. 적막이 흐르는 휘령전에는 늦은 시간까지 사도세자의 울부짖음만이 들렸다. 그리고 어린 이산은 그런 아버지를 소리가 잦아들 때까지 말없이 지켜보고 있었다.

◎ 강의 내용 ◎
- 숙종, 영조, 무수리 최씨, 사도세자, 혜경궁 홍씨 등 가족관계
- 영조 인물 탐구
- 사도세자의 성품과 정조

사건이 벌어지던 1762년 윤 5월 13일, 당시 열한 살이던 이산이 실제로 휘령전(영조의 첫째 부인 정성왕후의 위패를 모신 곳)으로 뛰어들어갑니다. 뛰어들어가서 할아버지인 영조에게 아버지를 살려달라고 간청하죠. 하지만 영조는 뿌리칩니다. 『한중록』을 보면 "세손께서 나와서 휘령전에 딸린 왕자의 재실에 앉아 계시니⋯⋯" 이런 대목이 나옵니다. 그러니까 실제로도 이산은 그 상황을 지켜보고 있었던 거죠. 아무리 세손이지만 열한 살 어린아이가 얼마나 무서웠겠습니까. 하지만 아시다시피 아버지가 살기

를 바라는 이산의 바람은 결국 이루어지지 않습니다.

이 사건에서 먼저 말씀드리고 싶은 건 과연 그 당시 영조가 어떤 마음이었느냐는 겁니다. 보통은 영조가 우발적으로 아들을 뒤주에 가두고 죽인 것으로 알고 있습니다만, 이는 사실과 다릅니다.

사실 그전에 영조는 사도세자를 두고 엄청나게 고민을 했습니다. 그리고 실제 그날 아버지인 숙종의 영정을 모신 선원전에 들어갔다 옵니다. 그 후 휘령전에 모인 사도세자와 신하들 앞에서 영조가 갑자기 손뼉을 치며 "여러 신하들은 신神의 말을 들었는가? 정성왕후께서 정녕 나에게 이르기를, '변란이 호흡 사이에 달려 있다'라고 하였다"라고 말하며 사도세자를 처분했다는 점을 감안한다면, 그날의 영조의 행동이 우발적이었다고 판단하기는 어렵습니다.

저 때가 양력으로 하면 7월 4일이니 삼복더위, 한창 더울 때지요. 날도 더운데 영조는 죽으라고 명령을 하고, 사도세자는 살려달라고 간청하다가도 다시 자결하려고 머리를 돌바닥에 짓이기는 행동을 반복합니다. 그런데 이 모습을 보는 신하들은 자결하려는 사도세자를 말리죠. 신하들의 입장에서는 어디 감히 한 나라의 세자가 자결하려는 것을 지켜만 볼 수 있겠습니까? 그것 역시 불충이 되는 것인데요. 만약에라도 사도세자가 다음 임금이 되면, 당시 자신의 행동을 말리지 않고 지켜만 봤던 신하들을 가만히 둘까요? 신하들은 후환을 생각하며 말리는 거죠. 그렇다고 너무 강력하게 말리면 눈앞의 임금인 영조의 뜻을 거스르게 되는 것, 이 역시 반역이 되다 보니 이러지도 저러지도 못하는 상황이 계속됩니다. 때문에 영조는 신하들의 힘을 빌리지 않고 사도세자를 제압하기 위해 뒤주 안에 가두게 되는 것이죠.

그런데 정말 뒤주에 갇혀서 죽었을까요? 사실 그건 아무도 모릅니다. 왜냐하면 『영조실록』에는 뒤주에 갇혔다는 말은 없고 "세자를 깊이 가두라"라고만 나옵니다. 그리고 『정조실록』에도 일물, 그러니까 어떤 물건에 가두었다고만 나옵니다. '뒤주'라는 정확한 명칭이 나오는 것은 혜경궁 홍씨의 『한중록』에서입니다. 처음부터 뒤주에 갇혔던 건지 아니면 뒤주에 갇혔다가 광 같은 곳으로 옮겨져서 거기서 죽은 건지는 정확히 알 수 없습니다.

어쨌든 실제로 사도세자는 어디론가 들어가면서 그곳에 있는 사람들에게 반드시 다시 나올 테니 나오면 두고 보자고 외쳤다 합니다. 그러니까 사도세자는 들어갈 때 자기가 죽을 줄 몰랐던 거죠. 그 안에서도 끊임없이 소리쳤다고 합니다. 나가서 두고 보자고요.

사도세자가 어디에서 죽었는지는 접어두고, 어떻게 이런 말도 안 되는 일이 벌어졌을까요? 간단히 말하면 아버지가 아들을 가두고 굶겨 죽인 거잖아요. 제가 볼 때 그 시작은 영조의 아버지, 숙종 대로 거슬러 올라갑니다.

'조상의 업'이라는 말을 종종 하죠. 영조의 아버지 숙종 시절을 두고 하는 말인 것 같습니다. 사실 숙종은 많은 여자들을 만납니다. 그중 인현왕후와 장희빈이 유명한데, 인현왕후가 붕당정치에 휘말려서 궁에서 쫓겨납니다. 그리고 장희빈도 아이를 낳고 나이가 들면서 미모가 사라질 무렵이죠.

한적한 밤에 숙종이 궁궐을 거니는데 한쪽에 불이 켜져 있었습니다. 그래서 가봤더니 거기 예쁘장한 어린 여자가 축원을

장면 1. 역린, 왕의 트라우마-왕의 분노

비는 기도를 하고 있더랍니다. 그런데 그 여자가 누구였느냐면 인현왕후의 몸종, 무수리 최씨였습니다. 자신이 모셨던 인현왕후의 만수무강을 위해 축원을 하고 있었던 것이지요. 숙종이 그 몸종에게 말을 붙입니다. "너 참 예쁘구나. 술 한 잔 따라봐라." 그래서 그날 일이 벌어진 겁니다.

생각해보세요. 세상에, 자기 부인의 몸종과 일을 벌이다니, 그게 말이 됩니까? 어쨌든 그러고 나서 그 여자는 아이를 갖게 됩니다. 그런데 사실 이 여자는 이름도 없는 무수리 출신이었습니다. 무수리라는 건 궁궐에 있는 궁녀들 세숫물 떠다주고, 속옷 빨아주고 하는 천민 중의 천민이죠. 그런 여자와의 사이에서 태어난 사람이 바로 영조입니다.

그렇게 태어난 영조는 본인이 왕이 될 거라고는 생각도 못했습니다. 천민 출신이 어떻게 왕이 됩니까? 실제로 영조는 어렸을 때 궁궐 밖에서 생활합니다. 그래서 식사 때도 풀만 먹고 소박한 것을 좋아했지요. 옷이 찢어지면 혼자 꿰매 입고 그랬습니다. 어린 시절 서민들하고 함께 살았기 때문에 이런 습관들이 몸에 밴 거죠.

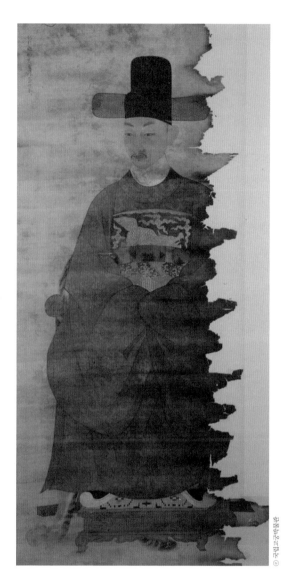

영조 초상

즉위 전 젊은 시절(21세)의 영조의 모습이다. 이때까지만 해도 영
조는 이복형 경종에 가려 평범한 삶을 살고 있었다.

그런데 이런 영조가 어떻게 왕이 되었을까요? 이복형이었던 경종이 어린 나이에 후사도 없이 갑자기 죽어버립니다. 그래서 왕손이 없으니 뜬금없이 영조가 왕이 된 거죠.

이렇게 왕이 되고 나니 영조에게 조상, 핏줄에 대한 트라우마가 생긴 거예요. 조선 역대 왕이 27명인데, 이 중에 천민의 피가 흐르는 왕은 영조밖에 없습니다. 실제로 영조가 즉위하고 나서 반란이 벌어집니다.

당시 집권 세력들을 나눠보면 집권당인 여당이 노론이고, 비집권당인 야당이 소론이었어요. 노론은 영조의 편이었고 소론은 그전에 죽은 이복형 경종 편이었지요. 그래서 영조가 왕이 되자 불만을 품은 소론의 이인좌라는 사람이 반란을 일으킵니다.

물론 반란은 진압되지만 영조 입장에서는 큰 충격이었죠. 자신에 대한 신하들의 반감이 이렇게 강할 줄은 예상하지 못했던 것입니다. 때문에 영조는 자기관리를 더욱 철저히 하게 됩니다. 신하들에게 무시당하지 않으려고, 책잡히지 않으려고 부단히 노력하면서 왕권을 강화하죠.

영조는 자신의 식단 관리부터 철저히 했습니다. 정치적으로 많은 위기에 시달렸던 영조인지라 소화 기능이 원활하지 않았습니다. 그 점을 스스로 잘 알고 있던 영조는 소식을 했으며, 차고 설익은 음식은 꺼렸습니다. 아무리 산해진미가 있다 해도 소화시킬 수 없으니 밥을 물에 말아 후루룩 넘기는 정도였습니다.

그리고 영조는 시간 관리가 철저했습니다. 독일의 철학자 칸트처럼요. 낮에 칸트가 개를 데리고 산책을 하면 사람들이 그걸 보고 집에 있는 시계를 맞출 정도였다고 하죠. 영조 역시 한 번도 규칙에서 벗어나는 생활을 하지 않았다고 합니다. 그래서 영조가 조선시대 왕 중에 가장 오래 살지 않습니까? 83세까지 살았고, 재위기간만 52년입니다. 그만큼 자기관리가 철저했던 사람이었어요.

영조는 애민정신도 대단했던 왕입니다. 영조가 즉위 초에 매일 딱딱한 데 앉아 있었더니 천민이나 그렇게 앉는 거라며 신하가 방석을 만들어줍니다. 옛날 왕의 업무는 가히 살인적이어서 하루 종일 앉아서 업무를 봐야 했습니다. 영조는 방석에 앉아 며칠 업무를 보다가 곧 방석을 집어던졌습니다. 신하들이 왜 그러

장면 1. 역린, 왕의 트라우마-왕의 분노

시냐고 물으니 이렇게 말했답니다.

"여기에 앉으면 푹신푹신해서 당장은 좋으나, 이렇게 마음이 편하고 몸이 편해서는 어찌 아픈 백성을 어루만질 수 있겠느냐. 당장 치우도록 해라."

그러고는 평생 딱딱한 곳에 앉아서 업무를 봤다는 겁니다. 그래서 바늘방석이란 말이 나온 거죠. 그만큼 백성을 생각하는 마음이 대단했던 왕이 영조입니다. 성군이죠.

그런데 문제가 있었습니다. 영조는 정실부인에게서는 자식을 얻지 못했습니다. 그래서 후궁을 여럿 두는데 그중에 정빈 이씨가 아이를 낳았어요. 그 아이가 영조의 첫째 아들 효장세자입니다. 그런데 이 효장세자가 열 살에 죽습니다. 이때 영조가 받은 충격은 이루 말할 수 없을 정도였다고 하죠. 자식을 잃은 슬픔도 크지만 대를 잇지 못하면 어떡하나 하는 두려움이 엄습합니다.

그런데 또 다른 후궁이었던 영빈 이씨가 자식을 낳습니다. 그 아이가 바로 사도세자, 이선이에요. 그때 영조 나이가 마흔두 살이었습니다. 마흔 넘어 아들을 봤으니 얼마나 귀여웠겠습니까? 거기다 대를 잇지 못할까봐 노심초사하던 찰나에 얻은 아들이잖아요. 그러니 기대가 클 수밖에 없었죠.

거기다가 사도세자는 어렸을 때부터 천재였습니다. 그러니 더욱 기대가 커지는 거죠. 사도세자가 두 살 때 재롱을 피우는데 누가 "왕!" 하면 영조를 가리키고, "세자!" 하면 본인을 가리키고는 했답니다. 그리고 이미 두 살에 부모, 친지 이름을 비롯해서 63자의 한자를 깨우쳤습니다. 세 살 때는 종이에다 한자를 써서 대신들에게 나눠줬다고도 합니다. 그럼 대신들이 서로 그 종이를 받으려고 줄을 서고 그랬습니다. 거기다 세 살에 『효경』(효를 주요 내용으로 하는 유교 경전)을 외울 정도로 똑똑했습니다.

어느 날, 사도세자가 천자문을 읽다가 '사치할 치(侈)' 자가 나왔습니다. 그랬더니 갑자기 감투를 집어던지고, 입고 있던 비단 옷을 벗었다고 합니다. 당황한 신하가 왜 그러느냐고 물으니 그 어린아이가 이렇게 말하더랍니다.

"이건 사치다!"

신기하고 기특해 어른들이 무명과 비단을 보여주면서 다시 물었습니다.

"둘 중에 뭐가 사치입니까?"

장면 1. 역린, 왕의 트라우마-왕의 분노

"비단이 사치다."

"그럼 무명은 뭡니까?"

"무명은 사치가 아니다."

이러더랍니다. 얼마나 똑똑합니까. 거기다 아홉 살 때는 아버지가 "이선아!" 하고 부르니 갑자기 씹던 밥을 뱉고 "예, 전하!" 하고 대답을 했대요. 왜 그리 했느냐고 물으니 성리학의 어린이 윤리서인 『소학』에 그리 쓰여 있더라는 거죠. 부모님께서 부르시면 먹던 것을 뱉고라도 바로 대답해야 한다고. 이러니 부모 입장에서 얼마나 예뻤겠습니까? 사도세자는 태어난 지 두 달 만에 세자로 책봉됩니다. 기대치가 굉장히 높았던 아들이죠. 그런데 그렇게 기대치가 높았던 것이 바로 비극의 시작이라고 보시면 됩니다.

이렇게 똑똑하고 아버지의 기대를 한 몸에 받던 세자가 나이가 들수록 글공부를 멀리하고 병정놀이에 심취합니다. 실제로 사도세자는 무술의 달인이었다고 해요. 『한중록』에도 기골이 장대했다고 나옵니다. 열다섯 살이면 요즘 중학교 2학년인데, 북벌로 유명한 효종이 가지고 있었던 청룡도와 쇠몽둥이를 바람개비처럼 가볍게 휘둘렀다고 합니다. 일반 사람들은 제대로 들지도 못하는 걸 중학생이 가볍게 들고 돌리는 거예요.

말을 타면 하늘을 나는 것 같고, 활을 쏘면 백발백중이었다는 얘기가 전해집니다. 그런데 영조가 볼 때 이건 좀 아니다 싶었던 거죠. 조선은 문치주의 국가라서 학문적 소양을 더욱 중요시여깁니다. 그래서 영조는 사도세자에게 병정놀이를 그만하고 글공부를 하라고 합니다. 그런데 사도세자의 기질이 호방했던지라 이 부분에서 반목이 생깁니다.

이런 상황에서 영조가 몸이 안 좋아 세자가 대리청정(임금의 허락하에 정치 등을 대신하는 것)을 하게 됩니다. 그리고 이때부터 둘 사이가 완전히 멀어지게 되죠. 사도세자가 열다섯 살에 시작한 대리청정은 13년 동안 지속됩니다. 제 생각에는 영조가 성군이고 자기관리가 철저한 사람이긴 했지만 아버지로서는 낙제점이었던 것 같아요. 자식 교육을 함에 있어 잘한 건 잘했다고 칭찬해주고 못한 건 야단치고 이래야 되는데, 너무 엄하게만 대한 거죠.

어느 정도였느냐면 사도세자가 영조를 찾아가 오늘 한 일에 대해 말하면서 어떻게 처리할지 여쭈면, "너는 대리청정을 하는 세자가 이런 것도 처리 못하냐"며 윽박지르고, 그래서 오늘 이래저래 처리했다고 하면 "네가 왕이냐? 네 마음대로 다 하는 거야?" 이러면서 또 윽박지른 거죠.

또 어느 해에는 가뭄이 들고 전염병이 돌자 이건 전부 대리 청정을 하는 세자가 덕이 없어서 그런 거라며 세자를 꾸중했다고 합니다. 상황이 이러하니, 원래 사도세자가 서연(書筵: 세자를 공부시키는 것)을 할 때면 그렇게 총명하고 글 읽는 소리가 맑고 또렷했는데, 아버지가 야단치면 기절하기도 하고 대답을 제대로 못하게 됩니다. 기가 죽은 거죠. 그래서 우황청심환을 먹어야 간신히 대답할 정도로 아버지 콤플렉스를 갖고 있었던 게 사도세자였습니다.

그러다가 영조가 총애했던 딸 화평옹주가 죽는 일이 생깁니다. 화평옹주는 사도세자의 큰누나였는데요, 『영조실록』에 기록될 정도로 영조는 화평옹주를 예뻐합니다. 혼인하여 궁 밖에 살고 있는 딸을 만나기 위해 영조가 일부러 찾아가기도 할 정도였습니다. 영조가 사도세자를 멀리하면 그 사이에서 화평옹주가 영조에게 사도세자에 대해 좋은 말도 해주면서 아버지 영조와 남동생 사도세자를 가깝게 이어주려고 노력하곤 했죠. 그런데 화평옹주가 병으로 죽게 되면서 영조와 사도세자 사이를 이어줄 사람이 없어졌고, 영조는 사도세자를 더 멀리하게 됩니다.

『한중록』을 보면 나중에는 사도세자가 영조에게 보고하러 가면 딱 한마디만 했다고 나와 있지요. "밥 먹었느냐?" 사도세자가 "예, 먹었습니다"라고 답하면 영조는 그 이후 귀를 씻어버렸다고 합니다. 원래 영조는 자기가 안 좋은 말을 하거나 들으면 항상 이를 닦고 귀를 씻었거든요. 그런데 세자가 대답을 하면 귀를 씻고 그 물을 끼얹어버리곤 했습니다.

이런 상황이 오래 지속되다 보니 사도세자가 슬슬 미쳐가는 겁니다. 그러다 어느 날 살인을 하게 됩니다. 아무 이유 없이 사람을 죽인 것이죠. 혜경궁 홍씨가 『한중록』에서 이야기하기를, 사도세자가 내관의 머리를 잘라가지고 와서는 피가 뚝뚝 떨어지는 걸 보여주더랍니다. 자기는 사람 머리가 잘린 걸 처음 보는데 너무 무서웠다고 기록되어 있습니다. 일종의 정신병이죠. 사도세자의 장인은 이를 보고 딱히 꼬집어 무슨 병이라고 말하기도 그렇고, 설명할 수 없는 병에 걸렸다고 이야기합니다. 오늘날로 치면 우울증, 울화증, 이런 것과 비슷하죠. 가슴이 답답하고 이유도 없이 화가 나는 바람에 사도세자가 죽이거나 불구로 만든 사람이

　　　　　　　　　　장면 1. 역린, 왕의 트라우마-왕의 분노

줄잡아 100명 정도나 됩니다. 심지어 자신의 후궁이었던 경빈 박씨를 주먹으로 때려 죽이고, 경빈 박씨의 아들, 그러니까 자신의 아들을 때려서 기절시킨 다음 연못에 던져버립니다. 한 번 화가 나면 뵈는 게 없는 상태가 되는 거죠.

이런 일이 자주 생기고 커지다 보니 영조의 귀에도 들어가게 됩니다. 그런데 원래 부모님들은 작은 일에 대해서는 잔소리하고 혼내지만 자식이 워낙 큰 사건을 일으키면 오히려 불러서 타이르 듯이 대화를 하지 않습니까. 그래서 영조도 사도세자를 불러서 묻습니다.

"너 왜 그랬니?"
"울화가 치밀어서 그랬습니다."
"왜 울화가 치밀었니?"
"아버지가 맨날 꾸짖기만 하시고, 제 말은 듣지도 않으려 하시고, 그래서 가슴이 답답해서 저도 모르게 울화가 치밀었습니다."
"그렇구나, 내 그러지 않겠다."
그런데 이런 대화를 나눈 뒤에도 사도세자의 비행은 계속됩니다. 궁궐에 있는 게 답답했던 겁니다. 조선의 임금들은 집안 내력이 있어 피부병이 심한 편이었습니다. 종기를 자주 앓고, 심지어 종기로 죽는 왕도 많죠. 그래서 온천에 가서 치료하곤 했는데, 영조는 온천에 갈 때 한 번도 사도세자를 데려가지 않았다고 합니다. 그러니 사도세자는 궁궐에만 있어야 하고 답답해서 죽겠는 거죠. 그래서 아버지 몰래 열흘 동안 평양으로 유랑을 갑니다. 평양은 지금으로 치면 라스베이거스, 마카오예요. 조선의 유흥, 환락의 도시였죠. 대리청정을 하는 세자가 그곳을 몰래 갔다 온다는 것은 말이 안 되는 일이었죠. 그리고 사냥을 자주 다닙니다. 이 당시의 사냥은 말이 사냥이지 군사훈련이라고 생각했거든요.

이 당시 사도세자 곁에 있었던 신하들이 소론입니다. 영조 입장에서는 이인좌의 난 이후에 역적으로 몰려 있는 소론들을 자신의 아들인 사도세자가 비호하자 사도세자까지 의심하고 오해를 할 수밖에 없었던 겁니다.

그런데 사실 소론이 사도세자와 그렇게 긴밀한 관계는 아니었습니다. 사도세자가 대리청정을 할 때 소론들에 의한 역모사건이 벌어집니다. 그때 사도세자가 능지처참 등으로 완전히 역적들

장면 1. 역린, 왕의 트라우마-왕의 분노

을 처단했어야 했는데, 솜방망이 처벌에 그칩니다. 그러니 노론에서 "어라? 소론하고 한 패 아냐? 왜 처벌을 살살해?" 이러면서 영조에게 몰래 일러바치기도 했죠.

사실이 어쨌든 간에 당시 형세를 보면 노론은 영조 측, 소론은 사도세자 측에 서 있었습니다. 그럼 노론 입장에서는 사도세자가 왕이 되면 골치 아파지겠죠. 그래서 영조에게 사도세자의 비행을 이르고 모략하는 등의 일을 많이 합니다. 사도세자가 사람까지 죽이고, 정신병자 짓을 하고 다니고, 몰래 사냥 다니고 이러니 노론이 좋은 얘기를 할 수 있겠습니까. 그래서 영조가 더 심하게 사도세자를 꾸짖고, 그럴 때마다 사도세자는 더 이상한 짓을 하게 되는 악순환이 반복된 것이죠.

그러다가 결정적으로 영조가 사도세자를 죽일 수밖에 없었던 일이 벌어집니다. 병적인 증세가 심해진 사도세자가 "아버지를 죽이겠다"고 말하고 다녔던 것이죠. 아버지이자 임금인 영조를 칼로 찔러 죽이고 싶다고 말합니다. 놀란 사도세자의 부인 혜경궁 홍씨가 사도세자의 어머니인 영빈 이씨에게 이 말을 전합니다.

영빈 이씨는 남편이자 이 나라의 왕인 영조를 지키기 위해

자기 자식을 버립니다. 영조에게 결단을 내리라고 촉구하죠. 이와 관련해서 혜경궁 홍씨는 입을 닫습니다. 이때 아들 이산이 열한 살이었거든요. 여기서 말을 잘못했다가는 아들에게 피해가 갈까봐 아무 말도 하지 않습니다. 결국 사도세자는 남편을 지키려했던 어머니에게도 버림받고, 자식을 지키려 했던 아내에게도 버림을 받은 거예요. 그래서 영조가 아버지 숙종에게 제사를 올리고 끝내 사도세자를 처단하게 됩니다.

보통 우리는 영조의 완고함이 사도세자를 죽음으로 몰았다고 이야기합니다. 하지만 영조의 입장에서는 어쩔 수 없는 선택이었을 거예요. 물론 아버지로서 영조는 낙제점이었지만, 왕으로서는 결단을 내려야만 했습니다.

반면에 사도세자는 얼마나 힘들고 가슴 아팠을까요? 아버지한테 잘 보이기 위해 부단히 노력했는데, 아버지는 그걸 알아주지도 않았습니다. 아니 어쩌면 알고는 있었겠죠. 하지만 그럼 뭐합니까. 표현을 안 하거나 혹은 정반대로 표현하니 알 수가 없죠. 그러다 보니 극심한 스트레스가 결국 정신적인 문제로까지 이어진 게 아닌가 싶습니다.

그리고 정조는 열한 살 어린 나이에 할아버지와 아버지의 일로 인해 트라우마를 지닌 채 성장하게 됩니다. 거기다 왕이 되어서도 사방 천지가 다 자신의 죽음을 바라고 목숨을 노리는 사람들뿐이었죠. 각각의 입장에서 생각해보면, 영조와 사도세자, 어린 이산까지 세 사람 다 얼마나 힘들고 괴로운 시간들을 보냈을지 짐작하고도 남습니다.

⊕『한중록』

　『한중록』은 사도세자의 부인이자 정조의 어머니인 혜경궁 홍씨가 직접 쓴 회고록입니다. 명문가의 딸로 태어나 어려서 궁궐에 들어가 조선 최고의 자리에 올랐던 혜경궁 홍씨가 자신이 겪은 파란만장한 삶을 때로는 담담히, 때로는 격정적으로 회고하고 비판하며 분석한 글입니다. 공식 사료인 실록이 보여줄 수 없었던 궁중 역사의 이면을 전달하는 책으로, 역사적 가치가 높은 또 하나의 기록으로 평가되고 있습니다.

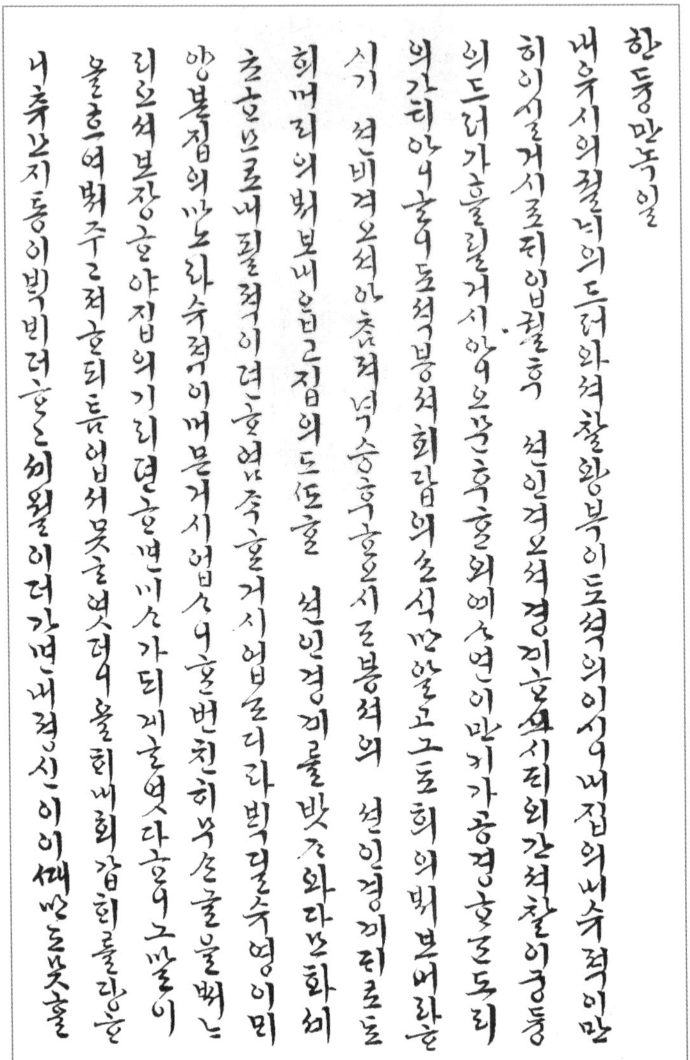
한듕만녹 일
내 유시의 궐닉의 드러와셔 찰왕복이 됴셕의 이시니 내집의 내슈젹이 만
히 이실 거시로ᄃᆡ 입궐 후 션인겨오셔 경계ᄒᆞ오시ᄃᆡ 외간 셔찰이 궁듕
의 드러가 흘릴 거시 아니오 문후ᄒᆞᆫ 외예 ᄉᆞ연이 만키가 공경ᄒᆞᆫ 도리
의 가티 아니ᄒᆞ니 됴셕 봉셔 회답의 소식만 알고 그 됴희의 뻐 보내라 ᄒᆞ
시기 션비겨오셔 아ᄎᆞᆷ 져녁 승후ᄒᆞ오시ᄂᆞᆫ 봉셔의 션인경계로 됴
희 머리의 뻐 보내옵고 집의도 ᄯᅩᄒᆞᆫ 션인 경계를 밧ᄌᆞ와 다 모화 셰
쵸ᄒᆞ므로 내 필젹이 젼ᄒᆞ염즉ᄒᆞᆫ 거시 업ᄉᆞᆫ디라 ᄇᆡᆨ딜 슈영이 미
양 본집의 ᄆᆞ노라 슈젹이 머믄 거시 업ᄉᆞ니 ᄒᆞᆫ번 친히 무ᄉᆞᆫ 글을 뻐 ᄂᆞ
리오셔 보장ᄒᆞ야 집의 기리 뎐ᄒᆞ면 미ᄉᆞ가 되게 ᄒᆞ엿다 ᄒᆞ니 그 말이
올ᄒᆞ여 뻐 주고져 ᄒᆞ되 틈 업셔 못ᄒᆞ엿더니 올희 내 회갑 ᄒᆡ를 당ᄒᆞ
니 츄모지통이 ᄇᆡᆨ비 더ᄒᆞ고 셰월이 더 가면 내 졍신이 이ᄯᆡ만도 못ᄒᆞᆯ

『한중록』

『한중만록』이라고도 하며, 혜경궁 홍씨가 순 한글의 유려한 문장으로 파란만장한 일대기를 쓴 자전적 회고록이다.

✤ 이인좌의 난(1728년)

노론이 지지했던 영조가 즉위하자, 반대파였던 소론이 "영조는 숙종의 아들이 아니며, 경종의 죽음과 관계가 있다"고 모함을 하며 이인좌를 필두로 다른 사람을 왕으로 추대하려고 반란을 일으켰던 사건입니다. 영조는 청주성을 함락하고 한양 근처까지 올라온 반란군을 진압한 후 이를 바탕으로 왕권 강화를 도모했습니다.

✤ 사도세자의 대리청정(1749년~1762년)

아버지 영조에 의해 뒤주에서 죽음을 맞이한 탓에, 사도세자가 무능했을 것이라고 생각하는 사람들도 있을 것입니다. 그러나 사도세자는 영조가 56세인 영조 25년(1749년)부터 죽는 그날까지 무려 13년간이나 아픈 영조를 대신해서 왕의 업무를 보았습니다. 이를 대리청정이라고 합니다.

✤ 영특했던 어린 정조

정조는 어렸을 때부터 조숙하고 총명했기 때문에 할아버지인 영조의 사랑을 듬뿍 받을 수 있었습니다. 정조의 어머니 혜경궁 홍씨의『한중록』에서는 "돌 즈음에는 글자를 능히 알아 조숙함

장면 1. 역린, 왕의 트라우마-왕의 분노

이 보통 아이와 다르더라. 세 살에 보양관을 정하고 네 살에『효경』을 배우시는데 조금도 어린아이의 태도가 없더라. 글을 좋아하시니 가르치는 수고로움도 없고, 어른처럼 일찍 일어나 세수하고 글을 읽으시는데, 비상함이 보통 아이와 다르더라"라고 정조의 어린 시절을 기록하고 있습니다. 영조는 사도세자에게 뒤틀린 마음을 손자인 정조에게 아낌없이 표현한 듯싶습니다. 정조 역시 할아버지의 사랑과 기대에 걸맞게 총명하게 행동했습니다. 영조는 여덟 살짜리 손자 정조에게『소학』을 외우게 하고 그 모습을 보면서 매우 감탄했다고 합니다.

● 효성이 깊은 정조

어린 정조는 어머니 혜경궁 홍씨를 위하는 마음이 지극하여, 매일 새벽에 편지를 보내놓고 수업하는 동안 회답이 온 것을 확인하며 마음을 놓곤 했습니다. 원래부터 글읽기와 글쓰기를 좋아하였다고는 하지만, 십여 세의 어린 나이임에도 굉장히 효심이 깊고 조숙했습니다. 혜경궁 홍씨가 남편 사도세자를 잃고 병에 자주 걸리게 되자, 정조는 의관과 증세를 논하여 약을 지어 보내기도 했습니다.

정조의 한마디

계획대로 책을 다 읽어야만 잠자리가 편안하다.

나는 어려서 책을 읽을 때마다 반드시 과정을 정해놓았다. 병이 났을 때를 제외하고는, 과정을 채우지 못하면 그만두지 않았다. 임금이 된 뒤로도 폐기한 적이 없다. 때로는 저녁에 응접을 한 뒤, 아무리 밤이 깊어도 잠시나마 쉬지 않고, 반드시 촛불을 켜고 책을 가져다 몇 장 읽어서 일과를 채워야만 잠자리가 편안해진다.

『홍재전서』* 중에서

아버지가 죽음에 이르는 것을 무기력하게 지켜봐야만 했던 어린 정조가 궁궐에서 할 수 있는 일은 거의 없었습니다. 세상사의 시끄러움을 잊고 자신의 원하는 책을 읽을 때 자신만의 평온함을 찾았을 것으로 생각됩니다. 때문에 때로는 의무감처럼 '반드시 과정을 정해놓고' 읽는 습관을 들였던 것입니다. 정해진 만큼을 다 읽을 때까지는 잡념을 떨쳐버리고 책 속에서 자신만의

장면 1. 역린. 왕의 트라우마-왕의 분노

세상을 만들 수 있었을 것입니다. 나중에 정조가 성군으로 칭송 받게 되는 것은 어린 시절부터의 이런 습관에서 비롯된 것으로도 볼 수 있겠습니다.

---

* 『홍재전서』
조선 22대 임금인 정조의 시문, 윤음, 교지 및 기타 편저를 모은 전집이다. 정조의 사상과 18세기 후반의 정치, 경제, 사상, 문화를 이해하는 데 중요한 자료가 된다.

장면 2.

초대받지 못한 자

동궁 시절

◎ 일시 ◎

영조 51년(1775년) 어느 날

◎ 사건 장면 ◎

정조의 반대파들이 정조의 일거수일투족을 감시하여
몇 달이고 옷을 벗지 못한 채 잠자리에 든다.

◎ 강의 내용 ◎

– 효장세자의 아들로 입적
– 홍국영과의 친분 관계
– 홍인한의 삼불필지 : 세손은 세 가지를 알 필요가 없다

서연을 마치고 동궁으로 돌아온 이산은 한숨을 길게 내쉬었다. 이제 곧 왕이 될 남자, 천하를 호령할 남자에게는 어울리지 않는 모습이었다. 한숨을 내뱉는 이산의 입술은 바싹 말라 있었다. 푹 파인 볼과 까칠까칠한 피부가 왕이 될 사내의 모습이라고는 보기 어려웠다.

사실 이산은 며칠 동안 제대로 잠을 이루지 못했다. 아니 며칠이 아니라 동궁으로 책봉된 순간부터 단 하루도 편히 잠을 이룰 수가 없었다. 이날도 이산은 서연을 마치고 늦은 밤 처소에 들었으나 편히 쉴 수 없었다. 어차피 눕는다고 해도 잠을 이룰 수 없었으리라. 그리움과 두려움, 그리고 간신히 억누르고 있는 원망의 마음이 이산을 쉽게 잠들게 하지 않았던 것이다. 이산은 마음을 가다듬고 책을 폈다. 얼마쯤 읽어 내려갔을까? 책 사이에 편지 한 장이 놓여 있었다.

逆賊之子 不爲君王 역적지자 불위군왕
(역적의 아들은 왕이 될 수 없다.)

요즘 들어 이런 협박 편지를 받는 일이 더욱 잦아졌다. 누군가 분명히 이산을 노리고 있었다. 익숙해질 법도 하지만 이런 편지를 받는 날에는 피가 거꾸로 솟는 느낌이었고 심장이 찢어질 것 같았으며, 작은 소리에도 몹시 예민해졌다. 눈을 감았다가도 이내 놀라서 다시 눈을 뜨기가 일쑤였다.

'나는 정말 왕이 될 자격이 없는 걸까? 내가 왕이 되는 것을 포기하면 모두가 편해지는 것일까?'

이산의 머릿속은 갈수록 복잡해졌다. 사실 몇 번이고 포기하려고 했다. 왕의 길을 버리고 어머니와 조용히 생을 보내야겠다는 생각도 했었다. 할아버지에게 말씀을 드리려고 몇 번이나 찾아갔다. 하지만 점점 기력을 잃어가는 할아버지의 모습, 그럼에도 단호해 보이는 얼굴을 마주하고는 차마 말을 꺼내지 못했다. 그것만이 아니다. 더 큰 이유는 바로 아버지 때문이었다.

'내가 여기서 왕이 되는 길을 버리는 것은 관계없다. 나의 안위 따위가 무슨 소용이랴. 그러나 내가 왕이 되는 것을 스스로 포기하면 나는 내 아버지가 역적임을 인정하게 된다. 아버지는 영원히 역적이라는 낙인이 찍힌 채 저세상에서도 편히 쉬지 못하실 것이다.'

그랬다. 이산을 역적의 아들로 몰아 음해하고 암살하려는 자들이 진정 원하는 것은 이산의 목이 아니라 이산 스스로가 왕이 되기를 포기하는 것이다. 그들이 원하는 길을 택하면 사도세자는 영원히 역적으로 남게 될 것이다. 이산은 그것만은 용납할 수 없었다. 이산은 다시 책을 펴고 읽어 내려갔다. 어느새 밖에는 해가 뜨고 있었다.

◎ 강의 내용 ◎
– 효장세자의 아들로 입적
– 홍국영과의 친분 관계
– 홍인한의 삼불필지 : 세손은 세 가지를 알 필요가 없다

여러분, 사도세자는 역적의 죄를 쓰고 죽었습니다. 그런 사도세자의 아들인 정조는 어떻게 왕이 될 수 있었을까요?

예상하시겠지만 정조의 동궁 시절은 결코 순탄치 않았습니다. 앞의 재구성 부분은 암살을 암시하는 편지를 받는 장면으로 꾸며봤는데, 사실 암살 경고 편지를 받았다는 기록은 실록에서는 찾을 수 없습니다. 다만 정조와 관련된 여러 책에서 정조가 수차례 암살 위협을 받은 것으로 서술되고 있습니다. 그런데 앞뒤를

따져 생각해보면 이런 일이 없지는 않았을 것 같습니다. 정조의 동궁 시절을 한마디로 하면 끊임없는 비방과 모략, 그리고 심하게는 암살 위협을 받으며 지냈던 시간들이었습니다.

그 이유는 두 가지가 있는데, 첫 번째는 현실적인 이유가 되겠습니다. 사도세자의 죽음에 가장 큰 역할을 한 것이 누굽니까? 노론들이죠? 사도세자의 기이한 행동들을 영조에게 일러바치곤 했죠. 그때 정조의 나이가 열한 살이었으니 다 알 만한 나이였습니다. 그러니 노론 입장에서는 이산이 왕이 되면 자기들이 위험해질 거라 생각한 거죠. 왕이 되면 연산군처럼 가만있지 않을 거라고 예상했겠죠. 정치적 복수가 시작되어 나라가 어지러워질 것을 염려하고, 자신들이 죽을 위험에 처할 수 있다는 걱정에 끊임없이 이산을 모함하고 비방합니다.

두 번째 이유는 명분입니다. 영조는 사도세자를 '세자'의 신분으로는 죽일 수 없었기 때문에 뒤주에 가두기 전에 사도세자를 서인으로 폐합니다. 서인이라는 건 평민을 말하는 거죠. 그러고는 왕을 죽이려 했다는 죄를 물어 역적으로 몰아 죽인 겁니다. 문제는 여기에 있습니다. 역적의 자식인 이산은 다음 왕이 될 자격을 자동적으로 박탈당한 겁니다. 영조도 처음에는 이산을 역적의 자식이라 하여 쫓아냈습니다.

그런데 두 달 만에 다시 불러들이죠. 후사가 없으니 다시 궁으로 불러서 동궁으로 앉히는 겁니다. 그런데 역적의 자식을 왕위에 올릴 수는 없으니까 영조는 여기서 다른 방법을 씁니다. 영조의 큰아들이자 이산의 큰아버지가 되는 효장세자는 어렸을 때 죽었는데, 이산을 효장세자의 자식으로 입적시켜버려요. 그렇게 해서 이산은 동궁 수업을 받게 합니다.

영조는 어린 정조, 이산을 엄청 예뻐했습니다. 정조도 어릴 때부터 굉장히 영특했다고 하죠. 거기다 정조가 정말 영리했던 게, 동궁의 자리에 있으면서 정치색을 드러내지 않고 학문에만 매진했던 겁니다. 만약 그때 정조가 이를 드러내고 발톱을 꺼냈으면 영조가 죽었든 노론이 죽었든 했을 거예요. 그런데 정조는 전혀 그런 내색을 하지 않고 착실하게 왕이 되기 위한 수업을 받고 학문에 열중합니다. 영조는 정조를 동궁의 자리에 앉히면서 더 이상 사도세자의 일을 언급하지 말 것을 명합니다. 정조 역시 이를 약속하지요. 이런 부분 때문에 영조는 정조를 굉장히 높이

삽니다.

하지만 영조의 이런 마음과 관계없이 노론들은 암살 위협뿐 아니라 끊임없이 영조에게 이산이 왕이 되면 안 된다고 말합니다. 대표적으로 좌의정이었던 홍인한이 영조에게 이런 말을 했지요. '삼불필지(三不必知).' 영조가 몸이 아파서 이산에게 대리청정을 맡기거든요. 그런데 영조의 나이가 워낙 많기도 했고 몸도 성하지 않으니 대리청정을 하다가 영조가 죽으면 이산이 바로 왕이 되는 거잖아요? 그걸 막기 위해 홍인한이 삼불필지, 즉 '세손은 세 가지를 알 필요가 없다'고 말한 겁니다.

첫째, 노론이나 소론을 알 필요가 없다.
둘째, 이조판서나 병조판서, 즉 인사나 군사를 알 필요가 없다.
셋째, 더욱이 국사나 조사도 알 필요가 없다.

딱 보면 어떻습니까? 한마디로 정조는 정사를 알 필요가 없다는 거죠. 왕이 될 사람한테 나랏일을 몰라도 된다는 건 말이 안 되죠. 이때 정조 나이가 스물넷이었으니 충분히 왕이 될 수 있는 나이였습니다. 그럼에도 나랏일을 알 필요가 없다고 말하는 건 결국 왕위 계승을 인정할 수 없다고 노골적으로 선포하는 것과 다름없죠.

그런데 영조는 이런 말들을 다 무시하고 군사를 동원해서 정조의 대리청정을 진행했습니다. 그래서 정조가 대리청정을 하게 되는데, 원래 영조가 대리청정을 하면 괴롭히잖아요? 사도세자도 처음에는 영조가 얼마나 예뻐했습니까? 그런데 대리청정 기간에 갈등하고 부딪히다가 그런 일을 겪게 된 겁니다. 제가 볼때 이산도 대리청정을 오래했으면 힘들어서 죽었을 것 같아요. 그런데 대리청정을 맡기고 3개월 후에 영조가 죽습니다. 표현이조금 그렇지만 정조 입장에서는 다행이죠. 일이 이렇게 되는 바람에 자연히 정조가 왕이 됩니다.

그럼 이산, 정조가 왕이 되는 데 큰 공헌을 한 인물은 누구일까요? 바로 홍국영입니다. 어려서부터 세상을 평정하겠다는꿈을 품었던 호탕한 기질의 홍국영은 굉장히 영리하고 또 언변이뛰어났던 사람입니다. 그는 정조의 동궁 시절 보좌관과 같은 역할을 맡게 됩니다. 그래서 정조가 왕이 되는 데 가장 큰 공을 세운 인물입니다. 이성계가 왕이 되는 데 큰 역할을 한 정도전처럼 홍국영도 '킹메이커', 왕을 만들었다고 해도 과언이 아닐 정도로 지대한 역할을 합니다. 이 덕에 정조는 여러 위협에도 불구하고 왕이 될 수 있었습니다.

⊛ 역적지자 불위군왕(逆賊之子 不爲君王) 또는

　죄인지자 불위군왕(罪人之子 不爲君王)

　『영조실록』에는 영조가 사도세자를 뒤주에 가두게 되는 결정적 원인이 '반란'의 기미가 보였기 때문이라고 기록하고 있습니다. 때문에 노론은 역적 또는 죄인의 자식은 왕이 될 수 없다는 것을 내세우면서, 사도세자의 아들이었던 정조가 왕이 되는 것을 막기 위해 일부러 더 소문을 퍼뜨렸다고 전해집니다. 이를 여덟 자의 나쁜 단어라 하여 '팔자흉언(八字凶言)'이라 합니다. 이러한

　　　　　　　　　　　　　　　　장면 2. 초대받지 못한 자

논란을 막기 위해 영조는 어린 이산을 이미 죽어 세상에 없는 효장세자의 아들로 입적시킨 것입니다.

✸ 삼불필지(三不必知) – 세손은 세 가지를 알 필요가 없다

　정조가 동궁이 되는 것을 당시 조정의 신하들은 어떻게 생각했을까요? 당연히 반대했을 것입니다. 동궁이 된다는 것은 영조에 이어 왕위에 오른다는 것을 뜻하죠. 그렇다면 정조가 임금이 되었을 때, 사도세자의 죽음을 말리지 않았거나 적극적 찬성했던 사람들은 당연히 제거될 것이라는 두려움이 있었습니다. 정조가 열한 살이라는 어린 나이로 동궁이 되었기 때문에, 조정의 신하들은 영조가 임금으로 있는 동안에 어떠한 방법을 동원해서라도 정조를 동궁 자리에서 내쫓으려고 했습니다. 때문에 정조는 항상 할아버지 영조의 말을 잘 듣는 착한 손자로 행동하고 남아 있어야만 했습니다.

　사도세자를 죽음으로 내몬 노론의 강경파는 정조를 제거하기 위해 노력했습니다. 그 대표적인 인물이 혜경궁 홍씨의 아버지 홍봉한의 동생인 홍인한이었습니다. 홍인한은 정조를 제거하기 위해서 '삼불필지', 즉 '세손은 세 가지를 알 필요가 없다'라고 주장했습니다. 영조 51년(1775년), 82세의 나이로 언제 세상을 뜰지 모르는 상황에 놓인 영조는 동궁인 정조에게 대리청정을 시키려고 했죠. 대리청정이란 임금의 허락을 받아 임금의 정치 등 여러 일을 대신 수행하는 것으로, 보통 왕세자나 왕세손이 하게 됩니다. 대리청정을 시키려는 영조에게 반대의 뜻을 제시한 사람이 바로 홍인한입니다. 홍인한은 "세손께서는 노론과 소론을 알 필요가 없으며, 이조판서와 병조판서를 알 필요가 없습니다. 조정의 일에 이르러서는 더욱이 알 필요가 없습니다"라고 하며 강력하게 반대했습니다.

정조가 정사를 알 필요가 없다는 것은 앞으로 임금의 되어 나라의 일을 하면 안 된다는 것을 의미합니다. 그때 정조의 나이가 이미 스물네 살이었음을 감안한다면 아직 어려서 안 된다고 생각하는 것에도 무리가 있습니다. 즉 홍인한은 정조가 왕이 되는 것을 무조건 막겠다는 것이었습니다. 영조는 일단 신하들이 반대의 뜻을 비치자 이날 대리청정을 명하지 못했습니다. 그리고 이날로부터 열흘 뒤, 영조는 다시 대리청정을 동궁에게 명합니다. 이날도 홍인한은 영조가 명하는 것을 받아쓰는 승지에게 받아쓰지 못하도록 하며 반대를 했습니다. 임금이 내리는 명령을 거스르는 반역에 가까운 행위인 거죠. 그런데 이때, 정조가 같은 자리에서 이 모든 것을 지켜보고 있었습니다. 할아버지의 착한 손자가 되어야 하는 정조는 이러지도 저러지도 못하는 난처한 상황에서 자신이 살아남는 방법을 찾아가게 됩니다. 정조는 홍인한에게 이 난관을 헤쳐나갈 방안을 제시합니다. "이 일은 내가 간여할 만한 것이 아니지만 사세가 급박하게 되었으니 진실로 마땅히 상소하여 사양할 것입니다. 비록 두서너 글자라도 문적이 있은 뒤에야 진소할 수가 있으니, 두서너 글자라도 꼭 탑교(榻教, 임금이 의정 대신을 불러 친히 전하는 왕명)를 받아 내가 진소할 수 있는 길을 열어주오." 이는 즉 일단 대리청정의 명을 내리면 자신은 사양할 터이니 어서 할아버지의 명을 적어달라는 뜻입니다. 그러나 홍인한은 이런 타협안도 거부합니다. 영조는 이날 군사를 정조에게 주고 대신들을 불러다가 정조의 대리청정을 명했습니다. 호위 무사를 궐 내에 배치한 다음에야 겨우 정조의 대리청정을 관철시킬 수 있었습니다.

🏵 믿었던 홍국영의 지나친 권력욕

영조 48년(1772년) 9월 26일 스무 살의 정조는 자신보다 네 살 많은 홍국영을 만나게 됩니다. 홍국영은 왕세자의 교육을 맡아 하던 세자시강원이라는 기관의 관원으로 정조의 공부를 담당했습니다. 동궁에서 많은 시간을 함께 보내게 되면서 그 인연이 깊어집니다.

야사에 따르면 정조와 홍국영의 깊은 믿음을 전하는 이야기가 있습니다.

동궁 시절의 어느 날 정조가 영조에게 문안을 갔을 때의 일이었습니다. 영조가 정조에게 읽고 있는 책이 무엇인지 물었고, 이에 정조는 『통감강목』이라고 답했습니다. 그런데 『통감강목』에는 한나라의 문제가 "짐은 고황제의 측실 소생이다"라고 하는 구절이 나옵니다. 이는 후궁의 소생인 영조가 불쾌하게 느끼는 부분이었습니다. 영조는 정조에게 엄하게 꾸짖는 어조로 "할아버지가 가장 싫어하는 구절이 있는 것을 알면서도 읽는단 말이냐"라고 하자, 정조는 우선 둘러대는 말로 "그 대목은 가려놓고 읽지 않았습니다"라고 말했습니다. 영조는 이를 확인하기 위해 동궁으로 가서 『통감강목』을 가져오게 하였고, 마침 동궁에 있던 홍국영은 기지를 발휘하여 『통감강목』의 그 부분을 종이로 가리고 내주었습니다. 동궁에서 가져온 책을 확인한 영조는 매우 흡

족해하며 정조를 칭찬했습니다. 혹시나 거짓말이 들통 날까 불안해하던 정조는 영조의 칭찬에 영문을 몰랐으나, 후에 홍국영의 임기응변이었음을 알고 크게 고마워했다고 합니다. '재생지은(再生之恩)', 즉 '다시 살아나게 한 은혜'라고 하며 두고두고 고마워했죠. 두 사람 사이의 신뢰가 깊어져갔음을 알 수 있는 대목입니다.

정조는 즉위 사흘 만에 홍국영을 승정원 동부승지로 특별히 발탁합니다. 이후에도 이례적인 승진은 계속되었고, 홍국영은 국왕의 비서실장 격인 도승지와 경호실장 격인 금위대장을 동시에 맡으며 권력의 실세가 됩니다. 그만큼 정조가 홍국영을 믿고 의지했음을 보여주는 거죠. 그러나 홍국영은 자신의 권력욕을 제어하지 못하고 정조를 배신하는 일들을 하게 됩니다. 자신의 동생을 정조에게 후궁으로 맞이하게 하여 세자를 낳게 하려는 계획을 세웁니다. 그러나 가례를 올린 지 1년도 되지 않아 원빈 홍씨가 죽게 됩니다. 홍국영은 자신의 계획이 틀어지자 정조의 이복동생인 은언군의 아들 상계군을 이미 사망한 원빈 홍씨의 양자로 들이고 그를 세자로 삼아야 한다고 주장합니다. 당시 정조의 나이가 스물여덟 살이었는데, 양자를 들이라는 것은 정조를 무시하면서 홍국영의 탐욕을 극명하게 드러낸 사건이라고 할 수 있습니다.

자신과 뜻을 같이하는 충신이라 믿었던 홍국영의 지나친 욕심을 직시하게 된 정조는 홍국영을 멀리하기로 결심합니다. 믿었던 만큼 배신의 충격이 커 사형이라도 시키고 싶었겠지만, 오랜 정을 단칼에 끊을 수 없었기 때문에 우선은 스스로 관직을 버리고 물러나 있게 했습니다. 왕이 되기 전인 세자의 자리 역시 고립무원의 외로운 세계일 것입니다. 이때 정조에게 믿고 의지할 수 있는 사람이 있었다면 홍국영뿐이었습니다. 그러나 임금 옆에서 권력에 대한 욕심 없이 순수하게 있기란 쉽지 않은 것 또한 세상의 이치이겠지요. 정조는 홍국영을 통해서 험난한 세상살이를 경험하게 되었지만, 그 후에도 사람에 대한 믿음을 가벼이 여기지 않고 매 순간 성심을 다해서 자신의 사람들을 사귀어갔습니다.

❁ 대리청정을 맡긴 지 3개월 만에 영조 승하하다

영조 51년(1775년) 12월 7일 이산의 대리청정이 시작되고, 이듬해 3월 5일에 영조는 세상을 뜨게 됩니다. 정조는 약 4개월 동안 짧은 대리청정을 했습니다. 그러나 이 대리청정이 있었기

장면 2. 초대받지 못한 자

때문에 영조가 죽고 난 후 정조는 바로 임금이 될 수 있었습니다. 영조가 죽을 때 정조가 대리청정을 하고 있지 않았다면, 영조의 계비인 정순왕후가 왕실의 최고 어른이 되어 우선적으로 옥새를 보관할 수 있기 때문에 정조가 아닌 다른 사람이 왕이 될 가능성 도 생기게 되죠. 영조는 이를 이미 예상하고 있었기에 무리를 하 면서까지 정조에게 대리청정을 시켰던 것입니다.

⚜ 동궁이 된 정조의 궁궐 생활

정조는 동궁(황태자 또는 왕세자를 일컫는 말)이 된 후에 경희 궁으로 거처를 옮겨 어머니 혜경궁 홍씨와는 다른 궐에 살게 됩 니다. 이는 혜경궁 홍씨가 아들의 안전을 위해 일부러 이산을 영 조 곁으로 보냈기 때문입니다.

어머니 혜경궁 홍씨를 떠나 동궁 생활을 하던 정조에게 어 머니의 역할을 해준 사람은 화완옹주입니다. 화완옹주는 사도세 자의 여동생으로 영조의 사랑을 듬뿍 받고 있었습니다. 영조는 딸에 대한 사랑이 지극하였는데 화평옹주가 죽고 나자 그 사랑이 화완옹주에게 집중되었습니다. 『영조실록』에도 "화완옹주가 임 금의 딸들 가운데에서 임금의 가장 깊은 사랑을 받았고 성질도

요사하게 슬기롭고 민첩하므로(영조 30년(1754년) 1월 7일)"라고 기록될 정도로 딸에 대한 영조의 애정은 대단했습니다. 사도세자가 살아생전에 온양온천에 가고 싶어했던 적이 있었습니다. 이때 사도세자가 직접 영조에게 말하면 허락하지 않았을 것이기 때문에 화완옹주가 영조에게 청하여 갈 수 있도록 했을 정도니, 화완옹주에 대한 영조의 사랑이 각별했음은 분명합니다.

화완옹주는 남편이 일찍 세상을 떠났기 때문에 다시 궐에 들어와서 살고 있었습니다. 영조가 혼자된 딸을 궁궐에서 내보내지 않고 곁에 두었기 때문이죠. 이러한 사정을 알고 있던 혜경궁 홍씨는 정조에게 고모인 화완옹주를 부모처럼 극진히 대할 것을 당부합니다. 사도세자가 죽은 후 영조가 정조를 아끼고 사랑했던 것은 그만큼 화완옹주가 정조를 지극하게 돌보았기 때문이기도 합니다.

그러나 몸이 멀어지면 마음도 멀어진다 했던가요. 사도세자의 어머니이자 정조의 할머니인 영빈 이씨가 죽고 난 다음에는 화완옹주의 역할이 고모를 넘어서 진짜 엄마가 되려는 듯이 바뀌게 됩니다. 상대적으로 자신이 아들 정조와 멀어지는 느낌을 받

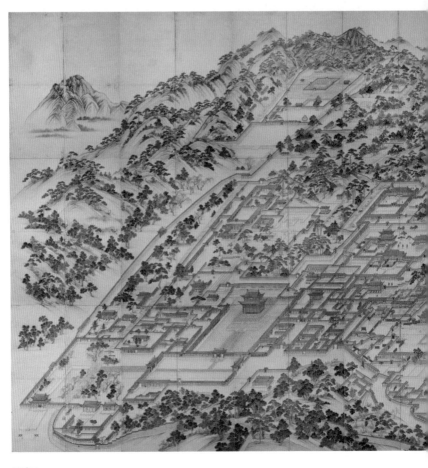

동궐도

경복궁을 기준으로 동쪽에 위치한 창덕궁과 창경궁을 동궐이라 하였으며, 이를 그린 것
이 동궐도이다. 조선시대 왕세자의 거처가 동궐이었기 때문에, 왕세자를 일컬어 동궁이
라 부르게 되었다.

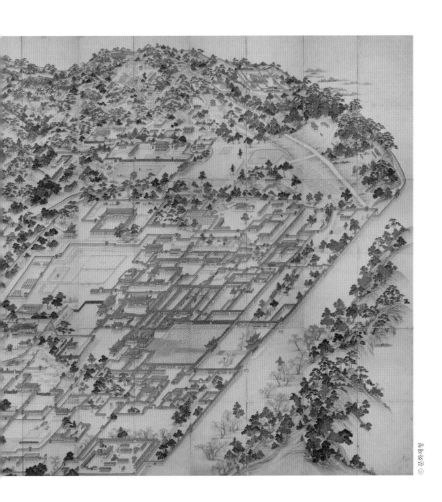

게 된 혜경궁 홍씨는 화완옹주가 자신과 정조 사이를 이간질하고 일부러 벌려놓았다고 생각하게 됩니다.

선희궁(영빈 이씨)이 돌아가시기 전에는 세손(정조)이 할머님께 의지하시어 그 고모(화완옹주)가 계교를 부릴 길이 없더니, 선희궁 아니 계신 후는 만사 꺼릴 것이 없어 모든 일을 자기 뜻대로 하니라. 그제야 세손이 자기에게 감사하여 지극정성을 다하도록, 궁궐에서는 입지 않는 누비의복붙이, 고운 신발, 좋은 칼 같은 것으로 아기네 기쁘게 해드리고, 음식도 궐내 예사 음식 밖에 별식을 내더라. 그런데 내게 이런 것들이 어이 있으며, 아버지께서는 더욱 그런 것들을 모르시어, 의복, 음식, 노리개 등을 드리는 것이 없더라. 이 어미는 소리 높여 바른 말을 하거나 꾸짖기나 하고, 외가에서도 각별히 정성을 표하는 것이 없으니, 아기네 마음에 점점 어미와 외가는 재미없고, 그 고모는 정들고 귀하게 되니, 전에 외가만 아시던 정이 차차 줄더라.

1765년 겨울 즈음부터 세손께서 밥 드실 때 그 고모와 겸상을 하니라. 그런데 혹 내가 그 옆에 앉으면, 겸상을 어찌 여길까, 그 별식을 어찌 볼까 하여, 모르게 하고자 하는 눈치가 차차 나니라. 세손이야 그때 열서너 살의 어린 나이니 꾸짖을 상황이 아니요, 그 사람에게 적이 인심이 있다면 그 오라버님의 아들이요, 내 남다른 정리로 아들에 의지하면서 자기에게 부탁하였으니, 우리 모자의 마음이 가련하고 불쌍하니, 서로 한마음으로 가르치고 도와 착하게 자라기만 바라는 것이 인정으로 보나 천리로 보나 당연한 일이라. 그런데도 이 사람의 뜻이 홀연 이렇게 바뀌어 모자 사이를 이간하려고 계교를 내니 어이 아니 흉악하리오. 그러나 내 모르는 체하고 말하지 않더라.

『한중록』 중에서

혜경궁 홍씨의 입장에서는 화완옹주가 자신과 정조 사이를 갈라놓았다고 판단할 수도 있는 일입니다. 그러나 정조의 입장을 생각해보면 꼭 그런 것만은 아닐 수도 있습니다. 정조는 열한 살에 아버지의 죽음을 목격하였던 엄청난 정신적 충격을 지닌 어린 아이였습니다. 그런데 그 슬픔과 충격을 엄마 품속에서 삭이거나 풀지 못하고, 할머니와 할아버지, 그리고 고모가 있는 곳에서 생활해야만 했습니다. 더구나 할아버지는 아버지를 죽음에 이르게 한 가장 큰 주범이었죠. 그런 상황에서 고모에게 엄마가 보고

장면 2. 초대받지 못한 자

싶다고 매일 울거나 식사를 거르면서 투정할 수는 없는 처지였을 것입니다. 또한 조금이나마 외롭고 슬픈 마음을 보듬어주기 위해서 노력하는 고모에게 감사함을 느끼고 따르게 되는 것은 당연한 일이라고 볼 수 있겠죠.

혜경궁 홍씨는 어린 아들 정조의 마음을 이해하면서도 그 화살을 모두 화완옹주에게 돌리고 있었습니다. 정조와 빈궁 사이에서 후사가 없는 것조차도 화완옹주의 탓으로 돌릴 정도였습니다.

세손이 본디 성품이 담담하여 빈궁과 금실이 친밀치 못하신 데다가, 정처가 손에 화와 복을 쥐고 앉아 죽음을 마다않고 세손의 부부 사이를 말리니, 설사 화락하고자 하신들 어찌 감히 하실 수 있으리오. 이리 하여서는 후사를 볼 가망이 없으니, 아버지께서는 세손 부부가 금실이 좋아져 쉬 원자 생산하시기를 밤낮으로 빌고 비시니라. 그리고 아버지께서 궁궐에 들어와 세손을 뵐 때면 "그리 마소서" 간절히 간언하시고, 다른 형제들도 근심과 탄식이 측량할 수 없더라.

정처는 두 분 사이를 그토록 금하면서도 행여 빈궁이 아들을 낳으실까 겁을 냈고, 귀주네(화완옹주)는 또 밖으로 말을 지어놓기를 "세손께서 아들 못 낳을 병환이 계시다" 하여 더욱 인심을 요란케 하니, 그 심술은 이제 생각해도 흉악하도다.

『한중록』 중에서

혜경궁 홍씨가 지극히 개인적인 입장에서 서술한『한중록』이기 때문에 그 내용의 진위에 대한 의견은 분분합니다. 그럼에도 불구하고 구체적인 사실과 정황 묘사로 비추어볼 때 어느 정도의 사실성을 확보하고 있다고 볼 수 있습니다. 특히 정조의 어린 시절에 대한 구체적인 사실은『한중록』에 의지할 수밖에 없는 실정입니다. 『한중록』에 그려지는 정조는 결국 엄마를 잃은 천애고아와 같은 모습입니다. 엄마가 살아 있지만 자신 곁에서 함께하지 못하고, 고모가 그 자리에서 자신을 돌봐주었기 때문에 가슴속 깊은 곳에는 언제나 친엄마에 대한 그리움의 감정이 자리잡고 있었을 것입니다. 우리가 정조를 성군이라 칭하지만, 그의 유년 시절은 아버지의 부재와 어머니의 부재 아닌 부재로 인해 매우 외로웠고, 구중궁궐 속에서 홀로 고군분투해야 했던 나날들이었습니다.

⬢ 사도세자의 죽음에 대한 대안, 정조

정조는 아버지 사도세자를 죽음에 이르게 한 것이 혹시 자신의 존재 때문은 아닐까라는 부담을 지니고 있었습니다. 아들이 왕위를 계승하는 조선 사회에서 영조가 하나뿐인 아들인 사도세자를 죽이는 것은 다음 왕을 죽이는 것과 마찬가지인 사건입니다. 그렇게 되면 왕실에서 가장 중요하게 생각하는 대가 끊기는 일이 되기 때문에, 어떠한 정치적 상황이 발생한다 하더라도 실행하기 어려운 일이었죠. 그러나 사도세자에게는 영조와 사도세자의 피를 이어받은 어린 아들 정조가 있었습니다. 이는 다시 말해서 사도세자가 없더라도 영조의 피가 흐르는, 즉 왕실의 피가 흐르는 차기 왕 후보가 존재한다는 것을 의미합니다.

'삼종혈맥론'에 의해 임금이 될 수 있었던 영조는 특히 자손을 중요하게 생각했을 것입니다. 여기서 삼종(三宗)이란 효종, 현종, 숙종을 말하는 것으로 효종과 현종은 외아들을 두었고, 숙종은 경종과 연잉군(영조) 두 아들을 두었습니다. 삼종혈맥론은 경종이 자식을 낳지 못할 경우, 윗대로 올라가서 왕위 계승자를 찾을 것이 아니라 삼종의 맥을 잇고 있는 연잉군이 왕위를 계승하는 것이 순리임을 주장하기 위해 만들어진 말입니다. 연잉군을 지지하던 노론 진영에서는 대비의 뜻이라며 삼종혈맥론을 근거로 연잉군을 왕세제로 삼는 데 성공합니다. 영조의 어머니인 최씨의 신분이 워낙 천했기 때문에 경종이 승하한 후 자칫하면 영조가 아니라 인조의 자식들 대로 올라가 소현세자나 인평대군의 후손 중에서 다음 왕을 고를 수도 있는 상황이었죠. 이를 원천적으로 봉쇄하는 논리가 바로 삼종혈맥론입니다.

사도세자 역시 이러한 상황을 어렴풋이 느끼고 있었습니다. 아버지 영조가 자신에게 마음이 떠나고 있는 것을 느끼던 어느 날, 부인 혜경궁 홍씨와 나눈 대화가 『한중록』에 전해집니다.

영조가 경모궁(사도세자를 일컫는 말로 사도세자가 죽은 후 모신 사당의 이름에서 연유함)을 보러 온다는 전갈을 받고, 경모궁께서는 당신이 벌여둔 병기들을 다 치우시고, 당신도 무사치 못하실 듯하여 불안해하며 기다리시더라. 그때 경모궁께서는 환취정에 계시니라. 당시는 병환으로 여러 해 동안 정답게 하시는 말씀을 듣지 못했는데, 그날 내게 이르시기를
"아마도 무사치 못할 듯하니 어찌할꼬?"
하시니라. 내 갑갑하여 대답하기를

"안타깝소마는 설마 어찌하시리이까."

하니, 말씀하시기를

"어이 그러할까. 세손을 귀하게 대하시니, 세손이 있는 이상

날 없애도 상관없지 않은가."

하시니라.

"세손이 당신의 아들인데 부자가 화복이 같지, 어찌 다르리

이까?"

"자네는 잘못 생각하네. 더욱 날 미워하시어 살길이 점점 어

려우니, 나를 폐하고 세손을 효장세자의 양자로 삼으면 어

찌할까 본고."

경모궁께서 그리 말씀하실 제는 병환 기운도 없이 천연히

그리 하시더니라. 내 그 말씀이 슬프고 서러워

"그럴 리 없습니다."

하니, 또 말씀하시되

"두고 보소. 자네는 귀히 대하시니, 내 부인이로되 자네는

물론 자식들도 예사롭겠지만, 나는 병이 들어 이러하니 어

찌 살게 하겠는가."

또한 어머니 혜경궁 홍씨 역시 아들 정조를 살리기 위해 사

도세자의 죽음을 적극적으로 말리지 못했습니다. 사도세자의 죽음에 혜경궁 홍씨의 가문이 적극 동조했다곤 하지만, 혜경궁 홍씨는 누구보다도 남편의 죽음을 적극적으로 말릴 수 있는 사람이었습니다. 그러나 혜경궁 홍씨가 그렇게 행동하지 않은 이유는 자신의 아들 정조를 위해서였습니다. 당시 임금인 영조의 뜻을 거스르게 되면 아들 정조의 목숨이 위태로워질 수도 있기 때문이었죠. 또한 혜경궁 홍씨 역시 사도세자가 죽고 나면 왕이 될 사람은 정조밖에 없다는 사실을 알기 때문에 어린 아들을 위해 남편의 죽음도 모른 체해야만 했습니다. 또 그걸 힘없이 지켜볼 수밖에 없었던 사람이 바로 정조였습니다.

장면 2. 초대받지 못한 자

정조의 한마디

다른 사람을 나 자신처럼 믿는다.

나는 다른 사람을 나 자신처럼 믿는 버릇이 있어서, 한 번 교분을 맺으면 곧 나의 속내를 남김없이 털어놓는다. 그래서 이따금씩 도리어 폐단이 생겨나기도 한다. 그러나 이미 '서로 잘 지내자' 고 한 이상, 어찌 성심을 털어놓지 않을 수 있겠는가.

『홍재전서』 중에서

임금의 자리란 원래 고독한 자리입니다. 임금이 지니고 있는 막강한 권력 때문에 주변 사람들에게 이용당하기 쉽기 때문입니다. 그러나 정조는 오히려 다른 사람을 나 자신처럼 믿는 태도로 사람을 사귀어나갔습니다. 이런 성심을 다했기 때문에 정조 주변에 좋은 학자나 신하들이 모여 성군으로 칭송받게 된 것이죠. 하지만 정조가 교분을 맺은 사람들을 모두 나 자신처럼 믿었다 하더라도, 때때로 배신하는 사람들이 생기기 마련이죠. 정조 즉위 후에 권세에 눈이 먼 홍국영도 그런 사람 중 하나입니다. 성심을 털어놓았던 사람에게 배신을 당하게 되면 그 충격은 더욱 클 수밖에 없습니다. 이를 경험하면서도 사람 사귀는 자세를 바꾸지 않은 정조의 대단함을 다시금 느끼게 됩니다.

장면 3.

아버지를 위해
살아야 했습니다

왕이 된 정조

◦ 일 시 ◦
정조 즉위년(1776년) 3월 10일

◦ 사건 장면 ◦
즉위식에서 외친다.
"아! 과인은 사도세자의 아들이다!"

◦ 강의 내용 ◦
– 반대파 숙청(혜경궁 홍씨 측, 정순왕후 측 등)
– 사도세자가 뒤주에 갇혀 있던 날짜(5월 13~22일)가 되면
모든 업무를 중지하고 경모궁에 가서 혼자만의 시간을 보냄
– 갑신년(1804) 구상 : 순조(성인 15살)가 왕이 되면
순조에게 사도세자의 추존을 시킬 계획

"과인은 사도세자의 아들이다!"

즉위식에 참석한 모든 사람은 입을 다물 수 없었다. 수많은 사람들이 즉위식에 모여 있었지만 모두들 놀라서 정조만 쳐다볼 뿐, 누구 하나 입 밖으로 소리를 내는 이가 없었다.

'지금 왕이 무슨 말을 한 건가?'

귀를 의심하지 않을 수 없었다. 더욱이 수많은 위험 속에서도 단 한 번도 사도세자를 거론하지 않았던 정조이기에 대신들의 충격은 더욱 컸다. 사도세자의 일을 입에 담지 말라는 것은 선대 왕 영조의 유훈이기도 했다. 이는 정조뿐 아니라 궁궐의 모든 사람에게 해당되는 말이었다. 그런데 왕이 되는 첫날, 정조의 선언은 가히 충격적이라고밖에 할 수 없었다. 이 말을 들은 모든 사람은 이제 곧 피바람이 불 것이라고 생각했다.

"과인은 사도세자의 아들이다!"

모두를 공포와 충격의 도가니로 몰아넣은 말을 한 당사자 정조는 의외로 담담했다. 목소리는 차분했고, 무표정한 듯한 얼굴도 평소와 다를 바 없었다. 하지만 마음은 그렇지 않았다. 긴 세월 동안 몇 번이고 말하고 싶었다. 그리고 몇 번이고 이 길을 포기하고 싶었다. 하지만 아버지 때문에 그럴 수 없었다. 아버지를 위해서 수십 번 마음을 다잡고 버텨냈다. 그리고 왕이 되는 순간, 꼭 말하고 싶었다. 내 아버지는 사도세자라고. 이 말을 하고 나니 정조는 알 수 없는 안도감을 느꼈다. 몇 년 만인지 모르겠다. 아버지가 그렇게 죽고 동궁이 되어 왕의 자리에 오르기까지 긴 시간 동안 이렇게 마음이 편안했던 적이 있었던가? 정조는 오래도록 이 순간을 유지하고 싶었다.

그러나 모두의 우려와 달리, 즉위식에서 더 이상 사도세자
의 일과 관련된 언급은 없었다. 정조도 단지 이 말이 하고 싶었을
뿐이었다. 아버지 사건을 빌미로 피바람을 일으키고 싶지 않았
다. 즉위식이 끝난 그날 저녁, 정조는 다시 책을 폈다. 그러나 머
릿속을 오가는 수많은 생각에 글을 읽지는 못했다.

◦ 강의 내용 ◦
– 반대파 숙청(혜경궁 홍씨 측, 정순왕후 측 등)
– 사도세자가 뒤주에 갇혀 있던 날짜(5월 13~22일)가 되면
모든 업무를 중지하고 경모궁에 가서 혼자만의 시간을 보냄
– 갑신년(1804) 구상 : 순조(성인 15살)가 왕이 되면
순조에게 사도세자의 추존을 시킬 계획

자 여러분, 정조가 어떤 사람입니까? 10년 넘게 궁에서 동궁 수업을 받으면서도 아버지와 관련하여 조금도 내색하지 않았던 사람입니다. 시집살이를 벙어리 3년, 귀머거리 3년이라고 하죠? 정조가 바로 그랬습니다. 아버지를 죽인 사람들 사이에서 들어도 못 들은 척, 보고도 못 본 척, 하고 싶은 말은 꾹꾹 참으면서 인고의 세월을 버팁니다. 그러다가 왕이 되는 첫날 저런 말을 하니 그걸 듣고 있던 관련자들은 얼마나 놀랐겠습니까? 별의별 생각이 다 들었을 거예요. 이거 어떻게 줄을 대야 하나, 누굴 내세

워서 몰아내야 하나 등등.

　이 상황을 어떻게 해석해야 할까요? 정조는 이미 죽은 큰아버지 효장세자의 아들로 입적되어 있었습니다. 거기다 사도세자는 역적으로 죽은 사람이니까 입 밖에 내면 안 되는 일이었습니다. 그리고 할아버지 영조는 정조에게 아버지 일은 잊을 것이며 복수를 하지 말라고 유언을 남깁니다. 그런데 즉위식 날 이렇게 말한 건 노론에 대한 선전포고였습니다. 당시 집권세력의 대부분이 노론인데, 노론은 이제 살 떨리는 처지에 놓인 겁니다.

　그리고 정조가 드디어 칼을 뽑아들고 대대적인 노론 숙청 작업에 나섭니다. 물론 칼을 뽑아든다는 것이 연산군 때와 같은 의미는 아니에요. 어쨌든 정리를 하는데, 아무리 왕이지만 명분은 있어야 하지 않겠습니까? 아버지인 사도세자에 대한 복수라고는 말을 할 수가 없죠. 할아버지의 유훈이 있었으니까요. 그래서 "내가 왕이 되는 걸 방해했던 자들은 곧 역적이다"라며 처벌합니다. 결국 같은 사람들인 거죠. 사도세자를 죽게 한 사람들이 실제로 정조가 왕위에 오르는 데 반대했던 세력이었던 것입니다.

이때 처단한 명단을 살펴볼까요? 영조의 후궁 중에 숙의 문씨라는 여자가 있었는데, 그렇게 사도세자를 미워하고 정조를 미워했습니다. 그래서 숙의 문씨를 내쫓습니다. 그리고 참 아이러니한 것이, 정조의 어머니가 혜경궁 홍씨잖아요? 그런데 그녀의 집안이 노론 집안이에요. 외할아버지와 그 동생이 사도세자의 죽음에 가담했던 겁니다. 그래서 작은 외조부인 홍인한을 귀양 보냅니다. 그리고 영화 〈역린〉에도 나오는 정순왕후가 있습니다(배우 한지민 씨가 정순왕후 역을 맡았습니다). 정순왕후가 누구인가요? 영조는 83세까지 살았는데 이 당시로서는 정말 장수한 겁니다. 그런데 오래 살다 보니까 정실부인들이 다 먼저 죽습니다. 그래서 영조 나이 66세에 15세의 처자와 결혼을 합니다. 그 처자가 바로 정순왕후입니다. 영조와 정순왕후 사이에 후사는 없었는데, 정순왕후와 사도세자는 사이가 안 좋았어요. 그래서 사도세자의 죽음에 적지 않은 역할을 하죠. 그런데 정순왕후는 어쨌든 정조에게는 할머니가 되니까 내쫓을 수는 없었고, 그래서 정순왕후의 오빠인 김귀주를 귀양 보냅니다.

어쨌든 이렇게 자신이 왕이 되는 데 반대했던 사람들, 다시 말하면 아버지의 죽음과 관련 있는 사람들에게 복수는 했지만 이 정도를 두고 피바람이라고 할 수는 없죠? 그래서 오늘날 평가는 어쨌든 명분도 살리고, 복수를 하면서도 희생을 최소화했다고 해석할 수 있습니다. 하지만 당시 당하는 노론 입장에서는 어떠했겠습니까? 이 정도로 넘어갈 거란 생각이 들지 않았을 겁니다. 그러니 당하기 전에 뭔가 해야겠다 싶어서 암살을 계획합니다. 총 3번이 계획되고 진행되죠. 그중에서 첫 번째 계획을 모티프로 한 영화가 바로 〈역린〉입니다.

🏵 숙청 명단

정조는 자신이 왕이 되는 것에 반대했던 인물들을 숙청합니다. 홍인한(정조의 작은 외조부)과 결탁해서 자신을 내쫓으려고 했던 화완옹주(정조의 고모, 사도세자의 두 살 어린 여동생)의 양자 정후겸을 귀양 보내고, 화완옹주를 서녀(일반 서민)로 강등시킵니다. 홍인한을 귀양 보내고, 정순왕후의 오빠인 김귀주를 유배 보내고, 유배지의 한정된 구역에서 벗어날 수 없는 위리안치를 명합니다. 또한 김상로와 결탁해서 사도세자를 죽음으로 모는 데 일조했던 영조의 후궁 숙의 문씨를 폐위시켰습니다.

✹ 아버지를 만나러 수원으로

임금이 된 정조는 매년 사도세자가 죽은 날인 5월 13일이 되면 마음속에 밀려오는 슬픔과 불안한 감정에 휩싸이게 됩니다. 때문에 정조 3년(1779년)에는 매년 5월 13일부터 22일까지 공무 정지를 명했습니다.

> 매년 5월 13일에서 22일까지는 공무를 정지하라고 명하였으니, 22일은 곧 사도세자의 기일이기 때문이다. 임금이 매양 이달이 되면 재실에 거처하면서 사모하고 그리워하느라 만기를 처리하지 않았는데, 이때에 이르러 비로소 승정원에 명하여 기록하여 법식으로 삼게 하였다.
>
> 『정조실록』, 정조 3년(1779년) 5월 14일

정조는 이날이 오면 사도세자의 사당인 경모궁에 나가 열흘씩이나 모든 일을 전폐하고 비통함에 잠겨 혼자만의 시간을 보내곤 했습니다.

사도세자의 묘소를 수원의 명당자리로 옮긴 1789년부터 1800년까지 정조는 총 13회나 수원에 행차하게 됩니다. 사도세자가 살아 있을 동안에 못했던 효도를 임금이 돼서야 마음껏 하며, 죽은 아버지에 대한 애틋하고 그리운 마음을 드러낸 것입니다. 특히 13번의 행차 중에서 1795년에 있었던 행차는 매우 특별하고 성대하게 이루어졌습니다. 이때의 수원 행차가 『원행을묘정리의궤』에 기록되어 있어 정조의 세심한 배려와 정성을 자세하게 알 수 있습니다. 의궤란 조선시대 왕실이나 국가의 주요 행사의 내용을 정리한 기록을 말합니다. 여러 행차 중에 을묘년(1795년) 행차 때 사도세자와 혜경궁 홍씨의 회갑을 맞이하여 수원에서 회갑연을 성대하게 열었고, 정조 즉위 20주년이 되기 때문에 특별히 정리소를 차려 기록으로 남기게 됩니다.

나아가 정조는 사도세자 사망 30년이 되던 해인 1792년 '만인소'를 계기 삼아 사도세자의 죄를 벗겨주는 계획을 세우게 됩니다. 영남 지방의 유생 1만 명 이상이 함께 올린 상소인 만인소의 내용은 사도세자가 영조에 충성했을 뿐 아무런 죄도 없다는 것을 선포함으로써 왕권을 강화하라는 것이었습니다. 그러나 정조가 임금의 입장에서 사도세자의 죄를 벗기고 추존을 하게 되면

선대왕인 영조의 뜻을 거스르는 일이 됩니다. 영조는 사도세자가 죽은 후에 혹시라도 사도세자와 관련하여 왕실과 조정에 불미스러운 일이 발생할까 걱정하여 정조가 사도세자를 추존하는 것을 금지시켜놨습니다. 때문에 정조는 할아버지의 뜻을 거스를 수 없었고, 그러면서도 동시에 아버지 사도세자를 왕으로 추존하기 위한 방법을 강구합니다. 그것이 바로 갑자년 계획입니다.

갑자년(1804년)은 정조의 아들 순조가 당시 성인인 15세가 되는 해로, 정조는 스스로 임금에서 물러나 아들 순조에게 왕위를 물려주고, 순조로 하여금 사도세자를 추존하게 하려 했던 것입니다. 자신이 죽기 전에 아버지 사도세자가 명예회복을 하고, 죽지 않았다면 당연히 임금이 되었을 사도세자를 추존으로나마 임금으로 만들고 싶었던 것입니다. 그러나 아쉽게도 1804년이 되기 전에 정조는 사망하고, 순조는 할아버지 사도세자의 추존을 하지 못합니다. 결국 사도세자는 1899년이 되어서야 고종에 의해 '장조'라는 왕의 칭호를 받게 됩니다.

정조의 한마디

아버지의 묘소

너무도 슬프면 말이 길지 않고, 지나치게 애절하면 감정이 오히려 무뎌집니다. 소자가 지금까지 15년 동안 죽지 않고 살아 있는 것은 죽을 줄 몰라서가 아니라 선왕의 은혜를 입어 왕위를 이어 받기 위해섭니다. 선친께 장헌이라는 시호를 올리고, 경모궁과 영우원이라는 이름을 지었습니다. 예조판서에게 이와 같은 모든 의식을 정하도록 시키고, 의식에 쓸 제기와 악기 따위는 종묘에 비해 한 단계 낮게 정하였습니다. 저세상에 계신 영령께서 이 소자의 마음을 알고 계실는지요. 승정 이후 세 번째 병신년에 피눈물로 삼가 서문을 씁니다.

『홍재전서』 중에서

1776년 『궁원의』라는 책에 붙인 서문입니다. 정조는 즉위하자마자 비명에 죽은 아버지 사도세자를 위해 사당을 지어 '경모궁'이라 하고, 묘소의 이름을 '영우원'이라 하여 격을 높여주었습

장면 3. 아버지를 위해 살아야 했습니다

니다. 이에 대한 의식과 절차를 수록한 책이 『궁원의』입니다. 죽은 아버지를 위한 사업을 하면서 이와 관련된 책의 서문에 자신의 마음을 간결하게 정리하고 있는 글에서 정조의 절제된 슬픔이 배어나옵니다. 이제 정조 스스로가 조선의 최고 자리인 임금이 되어 아버지의 한을 풀어주는 이 뜻깊은 일에 하고 싶은 말이 매우 많았을 것임에도 불구하고, '너무도 슬프면 말이 길지 않고, 지나치게 애절하면 감정이 오히려 무뎌진다'는 글귀로 자신의 마음을 대신하고 있습니다.

© 문화재청

융릉

사도세자와 혜경궁 홍씨의 합장 무덤으로, 수원 화성에 있다. 아버지 사도세자를 향한 정조의 애틋한 효심은 병풍석의 아름다운 조각으로 나타나 있다.

장면 4.

지붕 위로부터의 습격,
존현각 사건

◎ 일 시 ◎

정조 1년(1777년) 7월 28일

◎ 사건 장면 ◎

경희궁 존현각에 변란의 무리가 들어왔다.

◎ 강의 내용 ◎

– 정조 집권 초 숙청으로 인한 위기의식
– 존현각 사건에 대한 상세 내용
– 문무를 겸비한 정조

휘이익~ 퍽!

휘이익~ 퍽!

긴 장마가 끝나고 구름 한 점 없는 깊은 새벽, 풀벌레 소리도 멈춘 시각, 무언가 떨어지면서 둔탁하게 깨지는 소리에 궁궐을 지키던 병사들이 일제히 잠에서 깼다. 같은 시각 도승지 홍국영도 잠에서 깨어 부리나케 소리의 근원지를 찾아 뛰고 있었다. 야심한 시각 궁궐에서 날 법하지 않은 소리였다. 모두들 소리가 나는 곳으로 달렸다. 그리고 이내 도착한 이들은 한동안 멈춰서 지붕 위를 바라만 보았다.

'이게 어찌 된 일이란 말인가…… 어찌 이런 일이 벌어질 수 있는 것인가?'

눈앞에 펼쳐진 광경을 그들은 도무지 현실이라고 믿을 수가 없었다. 아니 차라리 꿈이었으면 했다. 소리가 난 곳은 다름 아닌 정조의 거처인 존현각이었기 때문이다. 어둠이 깊어 선명하게 보이지는 않았지만, 두 명의 건장한 사내가 존현각 지붕 위에 올라 있었다. 그리고 잡히는 대로 기왓장을 집어던지고, 모래를 뿌리고 있었다. 있을 수가 없는 일이었다. 궁궐 내에 자객이 드는 것도 절대 있어서는 안 될 일이지만, 왕의 처소 지붕 위에 자객이 올라 있다는 건 보고도 믿을 수 없는 일이었다. 이는 필시 정조를 노린 자객일 것이다. 모두들 있을 수 없는 이 광경에 취해 있을 때 홍국영이 소리쳤다.

"저놈들을 당장 쫓아라!"

그제야 병사들은 두 사내를 쫓기 시작했다. 병사들이 지붕 위를 오르려 하자 두 사내는 뛰기 시작했다. 어찌나 재빠른지 잡을 틈도 없이 사내들은 어둠 속으로 자취를 감췄다. 홍국영은 병

사를 나누어 일부는 수색하게 하고, 일부는 만일을 대비해 존현
각 주변을 경계하며 정조의 안위를 지키게 했다.

같은 시각, 이날도 정조는 침소에 들지 않고 늦은 시각까지
존현각에 나와 앉아 있었다. 아무리 늦더라도 유생들이 올린 상
소를 꼭 보고 잠자리에 들어야 했다. 그런데 갑자기 머리 위에서
무언가가 뛰어다니는 소리가 났다. 산짐승들이 지붕에 올랐다고
생각했으나, 이내 산짐승이라기엔 그 소리가 너무 큰 것을 깨달
았다. 정조는 얼른 칼을 집어들고 밖을 예의주시하고 있었다. 이
윽고 무언가 떨어지는 소리가 들렸다. 도둑이 들었다고 생각했지
만 혹시 모를 일이었다. 그리고 얼마 뒤 밖에서 홍국영의 목소리
가 들렸다.

사실 정조에겐 그리 놀랄 일도 아니었다. 아니 어쩌면 이런
일을 예상하고 마음으로는 각오를 마친 것이리라. 즉위식이 있던
날, 사도세자의 아들임을 선포한 이후에 동궁 시절과 마찬가지
로 암살을 경고하는 편지들을 받아왔다. 정조는 왕이 되었음에도
깊은 잠을 이룰 수 없었다. 항상 옷을 입고, 칼을 옆에 둔 채 잠깐
씩 잠을 청했다. 그래서일까? 정조는 당황하지 않고 상황을 예의

주시하고 있었다. 새벽에도 계속된 더위와 긴장감에 정조의 옷과 칼을 쥔 손이 흠뻑 젖어 있었다. 홍국영이 들어와 상황을 이야기했다. 그러고 나서야 정조는 잠시 숨을 돌릴 수 있었다.

두 사내를 찾기 위한 수색은 동이 트고도 계속되었다. 그러나 어디에서도 그들의 흔적은 찾을 수 없었다. 필시 단순 도둑은 아니었다. 홍국영은 노론 일당들의 역모라며 열을 올렸다. 하지만 별다른 증거가 없었다. 의심이 들긴 하지만 자객들을 놓쳤으니 더 이상 일을 키울 수는 없었다. 이렇게 사건은 마무리되는 것 같았다.

설민석의
역사 특강

◉ 강의 내용 ◉

– 정조 집권 초 숙청으로 인한 위기의식
– 존현각 사건에 대한 상세 내용
– 문무를 겸비한 정조

영화 〈역린〉의 모티프가 된 사건입니다. 정조의 암살 시도 사건이죠. 영화에서는 정조인 현빈이 자객들과 대치하는 장면이 나옵니다. 그런데 실제 역사는 영화와 많이 다릅니다. 왕의 암살은 어찌 보면 허무맹랑한 시도였는데, 나름 그 속에 의미를 담고 있었던 것 같습니다. 실제 정조의 암살 시도는 어떤 사건이었는지 알아보겠습니다.

정조는 왕위에 오른 후 자신이 왕이 되는 것을 방해한 자들을 처벌한다는 명분으로 노론에 대한 대대적인 숙청을 진행합니다. 그러니 노론들 입장에서는 무언가 수를 내야겠다고 생각했겠지요. 그때 노론인 홍씨 가문에서 일을 벌입니다. 홍계희의 아들과 손자가 주도하지요. 홍계희의 집안은 정조가 왕이 된 뒤 즉위를 방해했다는 명분에 의해 몰락하게 됩니다. 그러니 더욱이 정조를 암살하고 싶었겠죠. 그래서 강용휘라는 포교(포도청 소속으로 범죄자를 잡는 일을 맡아하던 벼슬아치)를 포섭합니다.

그리고 천민 출신의 장사(壯士)였던 전흥문에게 돈을 주고 결혼을 시켜주겠다고 하며 모의에 동참시킵니다. 이들이 자객 20여 명을 동원, 각각 칼과 철편을 가지고 궁궐로 들어갑니다. 철편이란 포교들이 들고 다니는 쇠막대기 같은 거죠. 그런데 안에 내부 조력자가 없으면 궁궐에 들어가기도 힘들고, 왕의 처소를 찾는 것도 힘들겠죠. 그래서 강계창(강용휘의 조카)과 궁중 나인인 월혜(강용휘의 딸)를 길잡이로 세워서 정조의 침전 지붕까지 올라가는 일을 계획합니다.

이렇게 강용휘와 전흥문이 개장국을 한 그릇씩 먹고 궁으로 들어갔는데, 전흥문의 말에 의하면 갑자기 강용휘가 지붕 위

장면 4. 지붕 위로부터의 습격, 존현각 사건

로 올라가더라는 거예요. 이상하죠? 암살을 하려면 조용하게 들어가서 죽여야 하잖아요. 그런데 지붕으로 올라가요. 그러니까 전흥문도 얼떨결에 같이 올라갔겠죠? 그랬더니 강용휘가 갑자기 기왓장을 뜯어서 아래로 던졌다는 겁니다. 그리고 모래를 뿌리더랍니다. 전흥문이 깜짝 놀라서 '이놈이 제정신인가? 왜 도깨비 같은 짓을 하나' 하고 생각했다고 나중에 진술합니다.

어쨌든 이렇게 소란스러워지니 추포군이 오기 전에 도망쳐야 했죠. 영화 〈역린〉에서는 존현각 지붕을 두고 싸우는 장면이 나오잖아요? 그런데 실제로는 도망을 갑니다. 그리고 나서 이후에 이 둘이 다시 궁궐 담벼락을 넘어 침입을 합니다. 그런데 얼마 전 사건 때문에 궁 경비가 삼엄해져서 둘은 붙잡히고 맙니다. 실제로는 이렇게 끝난 사건입니다.

그런데 지금도 이해가 안 가는 게 있습니다. 죽이려면 바로 침전으로 들어가야지 왜 지붕 위에 올라서 모래를 뿌리고 그랬느냐는 거죠. 이걸 두고 오늘날 이렇게 해석하는 사람들이 있어요. 옛날에는 주술적인 행위나 무속신앙 같은 걸 요즘 사람들보다 더 믿었죠. 그래서 주술적인 의미, 즉 저주의 의미로 그렇게 하지 않았나 하고 해석하는 사람들이 있습니다. 어쨌든 이것이 첫 번째 정조 암살 시도 사건입니다.

두 번째는 역시 홍씨 가문에서 벌인 일인데, 노론과 함께 무당을 불러다가 정조를 저주한 사건입니다. 지금 생각하면 어처구니없지만 예전엔 그게 효험이 있다고 믿었던 겁니다. 숙종 때 장희빈이 저주로 인현왕후를 죽였다고 하잖아요. 옛날에는 그게 많이 통했나 봐요. 이게 두 번째 역모 사건입니다.

마지막으로 또다시 역모를 꾀하다가 사전에 발각된 사건까지, 세 번의 정조 암살 시도가 있었습니다. 그런데 뭔가 어설픈 느낌이 들지 않나요? 이런 점으로 말미암아 징조가 조작한 사건이라는 의견도 나오게 됩니다. 한마디로 정치적 쇼라는 겁니다. 왕을 죽이려는 거창한 계획치고는 너무 어설픈 데다가, 이 사건들 이후로 정조의 왕권이 엄청나게 강해지거든요. 정조는 홍국영을 통해서 숙위소를 개편하고, 집권 7년 뒤에 '장용영'이라는 군부대를 창설합니다. 경호실 정도가 아니라 경호부대를 세우는 거죠. 이 경호부대는 당시 수도를 지키던 5군영에 육박하는 화력을 갖고 있었습니다. 지금으로 치면 대한민국 전군의 화력만큼

장면 4. 지붕 위로부터의 습격, 존현각 사건

청와대 경호실 화력이 강해지는 상황이 된 겁니다. 어떻게 보면 이 어수룩한 일련의 역모 사건들이 행운이었다고도 볼 수 있습니다. 그래서 정조가 꾸며낸 게 아닌가 하는 의심이 생기는 거죠.

영화 〈역린〉과 관련된 이야기를 한 가지 더 할게요. 처음에 〈역린〉 티저 포스터가 공개됐을 때, 많은 여성팬들이 영화보다 현빈의 등 근육에 눈길을 주었을 겁니다. 제가 봐도 엄청났거든요. 그리고 영화에서는 현빈이 맡은 정조가 자객들과 싸우잖아요. 그럼 실제로 정조는 어땠을까요? 정말 무술을 잘했을까요?

사도세자 이야기를 다시 떠올려봅시다. 사도세자가 무술의 달인이라고 했잖아요? 그래서 『무예신보』라는 무술교본을 만듭니다. 그리고 정조는 거기에서 영감을 얻어 『무예도보통지』라는 책을 만듭니다. 보통 무예 기술이 18기라고 하죠. 열여덟 가지 기술, 즉 창검술, 수기, 족기 등 도합 열여덟 가지 기술이 있는데, 거기에 마상무예까지 합해서 스물네 가지 무예 기술을 책에 기록합니다. 오늘날로 치면 특공무술을 창안한 사람이 바로 정조가 되는 셈이죠. 그럴 정도로 무예에 관심이 깊었고, 이런 훈련을 통해 왕권도 강화시켰습니다.

그리고 정조 본인도 무예에 굉장히 뛰어났습니다. 기록을 보면 활쏘기를 굉장히 잘했다고 해요. 영화에서도 활을 쏘는 장면이 나오는데, 조선왕조실록 홈페이지에서 활쏘기로 검색을 해보면 『정조실록』이 174건으로 두 번째로 많이 나옵니다. 실제로 10순을 쏘면, 1순이 5발이니까 50발을 쏜다는 건데, 그중에서 49발을 명중시켰다고 합니다. 정조 16년(1792년) 11월 26일의 기록을 보면, "내가 요즘 활쏘기에서 49발 명중에 그치고 마는 것은 모조리 다 명중시키지 않기 위해서 일부러 그런 거다"라고 할 정도로 뛰어났다고 합니다. 일반 궁수들과의 시합에서도 지는 법이 없었다고 해요. 실제로 정조도 등 근육이 좋지 않았을까 싶습니다. 왜냐하면 광배근이 좋아야 활을 잘 당길 수 있거든요.

무예 24기 공연 모습
정조가 지은 『무예도보통지』에 실린 24가지의 무예를 화성행궁의 신풍루 앞에서 재연하
고 있다. (매주 화~일요일, 오전 11시와 오후 3시에 공연, 자세한 사항은 수원문화재단
홈페이지 참조)

⊛ 존현각 사건

홍상범은 전흥문과 강용휘에게 각각 칼과 철편을 들고 궁궐에 난입하게 하고, 자신은 나머지 20여 명을 거느리고 뒤를 따라 정조를 살해하려는 계획을 세웁니다. 여기에는 강용휘의 조카인 별감 강계창과 궁중 나인 월혜가 궁중 길의 안내자로 포섭되어 있기도 했습니다. 사건이 일어났던 날에는 달아났던 이들을 잡을 수 없었습니다. 그러나 존현각 사건이 있고 약 2주 뒤인 8월 11일에 창덕궁의 경추문 북쪽 담장을 넘으려 하는 전흥문과 강용휘가

장면 4. 지붕 위로부터의 습격, 존현각 사건

붙잡힙니다. 이들을 심문한 결과 존현각 사건의 전모가 밝혀지게
된 것입니다.

✦ 무당을 이용한 주술

홍계희의 아들 홍술해는 무녀를 이용하여 정조와 홍국영의
목숨을 노렸습니다. 기운이 용하다는 무녀를 포섭한 것은 홍술해
의 부인 이효임이었습니다. 이효임은 원래부터 부적 등의 효능
을 믿어 무속을 신봉하고 있었다고 합니다. 이효임은 돈으로 무
녀 점방을 매수하였고, 무녀 점방은 자신의 남편과 함께 주술에
도움을 줄 사람들을 매수하면서 주술을 걸기 시작했습니다. 무녀
점방은 동서남북과 그 가운데의 우물물, 홍술해 집의 우물물, 홍
국영 집의 우물물을 섞어 홍술해 집의 우물물에 쏟는 방법, 붉은
안료로 정조와 홍국영의 화상을 그려 홍국영의 집 앞뒤에 묻는
방법, 부적을 만들어 홍국영의 집 앞에 묻는 방법 등을 사용했습
니다. 결과에 상관없이 그 불순한 의도만으로도 반역죄가 성립하
는 조선시대에 홍술해는 거침없이 이런 행동을 하고 있었던 것입
니다.

❀ 이복동생을 내세운 반역

정조에 대한 홍계희 가문의 모반 사건은 여기에서 그치지 않았습니다. 홍계희의 팔촌에 해당하는 홍계능이 친족들과 모의하여 정조를 암살하려는 계획을 세우고, 사도세자와 경빈 박씨 사이에서 태어난 은전군 이찬을 왕으로 추대하려고 했던 사실이 다시 발각된 것입니다. 정조의 암살을 시도하고 그 후 어떤 세상을 계획하고 있었는지 추궁하자, 정조의 이복동생인 은전군을 새로운 왕으로 추대하려고 했다는 것이죠. 여기에는 홍계능의 아들인 홍신해, 조카인 홍이해, 홍경해의 아들인 홍상격 등과 홍계능의 제자인 전 승지 이택축, 전 참판 민홍섭 등이 가담하고 있었습니다. 혜경궁 홍씨의 친동생이자 정조의 외삼촌인 전 승지 홍낙임까지 연루되어 있었습니다.

계속되는 외척 세력의 역모 사건에 자신의 이복동생인 은전군이 연루되자 정조는 결단을 내리기가 힘들어졌습니다. 반면 노론 세력들은 은전군의 사형을 주장하며 자신들의 위기를 모면하려고 했습니다. 고심 끝에 정조는 은전군에게 자살을 명하고 주동자 23명을 사형시켰습니다. 그리고 정조는 홍국영으로 하여금 숙위소를 설치하여 자신의 신변을 보호하게 합니다. 이를 계기로 홍국영은 숙위소에서 모든 정사를 결재하면서 정조의 반대 세력에 대한 숙청 작업을 단행하게 됩니다.

🌐 장용영의 규모

장용영은 정조의 관심과 지원 속에서 그 규모가 꾸준히 확대되었고, 정조 17년(1793년)에는 장용내영과 장용외영으로 나뉘었습니다. 장용내영은 서울에, 장용외영은 수원 화성에 있었고, 총 병사가 3,450명에 달했습니다. 이는 당초 목표치였던 5,000명에는 미치지 못했지만, 장용영은 막강한 군사조직으로 거듭날 수 있었습니다. 인원도 엄청나게 증가한 편이고, 정예부대였기 때문에 거의 훈련도감(조선시대에 수도의 수비를 맡아보던 군영)에 육박하는 힘을 지니고 있었다고 볼 수 있습니다.

🌐『무예도보통지』

정조 때 만들어진 무예 훈련 교범입니다. 정조가 직접 책 구성의 방향을 잡은 후에 규장각 검서관인 이덕무, 박제가와 장용영의 장교 백동수(유승호가 열연한 드라마〈무사 백동수〉의 백동수와 같은 인물) 등에게 명령하여 작업하게 하였고, 정조 14년(1790년)에 간행되었습니다.

영조 35년(1759년)에 사도세자의 명령으로 만들어졌던 『무예신보』에 있던 18가지 기술을 기본으로 하고, 말 위에서 하는 마상무예 6종류를 더해 총 24가지의 무예 기술을 그림으로 알기 쉽게 설명하는 책입니다.

장면 4. 지붕 위로부터의 습격, 존현각 사건

정조의 한마디

분노가 가장 참기 어렵나니

사람이 드러내기는 쉽고 억제하기는 어려운 것으로, 분노가 가장 심하다. 이를테면 분노가 막 치밀어오를 때, 사리를 살피지 않고 먼저 소리를 지르고 성질을 부리면, 분노가 더욱 치밀어 일을 도리어 그르치고 마니, 분노가 사그라진 이후에는 후회스럽기 그지없다. 나는 비록 깊이 성찰하는 공부는 없지만, 늘 이것을 경계하고 있다. 어쩌다가 분노가 치밀어오르면, 반드시 분노를 삭이고 사리를 살필 방도를 생각하여, 하룻밤을 지낸 뒤에야 비로소 일을 처리하니, 마음을 다스리는 데 일조가 되었다.

『홍재전서』 중에서

분노에 대한 정조의 짧은 글에서 그가 살면서 분노라는 감정을 얼마나 많이 느꼈는지 역설적으로 알 수 있었습니다. 분노가 가장 억제하기 힘든 것임에도 불구하고, 그것을 삭이는 것을 정조가 생활에서 실천하고 있는 모습이 애처롭게 느껴집니다. 사도세자 역시 "사람의 칠정 가운데 분노가 가장 참기 어렵나니, 한때의 분노를 참아내면 후회의 탄식이 없을 것이다"라고 한 적이 있다고 합니다. 화가 났을 때 그것을 바로 표출하는 것도 문제가 있겠지만, 그렇다고 모든 분노를 속으로 삭이게 되면 더 큰 마음의 병을 얻게 됩니다. 정조는 하루하루 병을 얻으며 살아갔던 것 같습니다.

대왕 정조의 꿈

◎ 일 시 ◎

정조 19년(1795년) 윤 2월 9일~16일

◎ 사건 장면 ◎

혜경궁 홍씨와 사도세자의 환갑을 맞이하여
회갑연을 위해 현륭원으로 행차를 간다.

◎ 강의 내용 ◎

− 화성 건설
− 규장각
− 신해통공 등

쿵더덕 쿵덕~
쿵~

　　풍악 소리는 그칠 줄 모르고 계속되었다. 온갖 꽃들이 만개한 봄의 절정, 하지만 꽃이 핀 들판의 풍경보다 압도적인 것은 따로 있었다. 정조의 수원 행차를 따르는 수천 명의 무리와 또 그 뒤를 따르는 더 많은 수의 백성 행렬은 이루 말할 수 없는 장관이었다. 며칠 동안 왕의 행렬을 따르는 백성만도 수천이었다. 그렇게 그들은 점점 현륭원(사도세자의 묘)에 가까워지고 있었다.

　　정조는 다가오는 백성들을 막지 않았다. 등을 토닥여주기도 하고 손을 잡고 눈을 마주치며 모든 이야기를 들어주었다. 정조는 그런 왕이었다. 백성들의 말은 작은 것일지라도 소중히 여기며 경청하는 왕이었다. 정조에게는 그것이 피로를 주거나 하는 일은 아니었다. 다만 그 덕에 예상보다 행차가 길어진 관계로 어머니가 신경 쓰일 뿐이었다. 환갑을 맞으신 어머니에게 쉽지 않은 여정임을 모르는 것은 아니었다. 하지만 정조는 꼭 한 번 모시고 가고 싶었다. 수년 동안 이날을 생각해왔다. 백성들과 함께하면서도 정조는 틈틈이 어머니의 표정을 살폈다. 어머니의 얼굴은 알 수 없는 표정으로 가득했다. 기쁜 것 같으면서도 왠지 모르게 안색이 어두워지는 것 같기도 했다. 그럴 때마다 정조는 길을 멈추고 안부를 살폈다.

혜경궁 홍씨는 만감이 교차했다. 백성들에게 열렬한 환대를 받는 정조의 모습을 흐뭇하게 바라보았다. 백성들을 일일이 맞아주는 모습을 보면서 혜경궁은 행여나 아들이 지치진 않을까 걱정스러웠다. 하지만 이내 백성들과 함께 이야기 나누며 온화해지는 정조의 표정을 보면서 안도했다. 이럴 땐 저 아이가 살아 있어서 정말 다행이다 싶었다. 그러다가도 갑자기 불편한 표정이 드러났다. 그럴 때마다 정조는 꼭 다가와서 물었다. 행차가 길어지고 길이 험해서가 아니었다.

혜경궁 홍씨의 삶도 정조만큼이나 순탄하지 못했다. 남편의 죽음 앞에서 그녀는 아무것도 할 수 없었다. 아들을 살려야 한다는 생각뿐이었다. 그렇게 남편을 버릴 수밖에 없었다. 아들을 위해 어쩔 수 없었다고 마음을 다잡아보지만, 그래도 남편의 묘에 간다는 생각이 들면 불편한 기색을 감출 수가 없었다. 하지만 혜경궁 홍씨도 할 말은 있었다. 그렇게 살린 아이가 왕이 되었다. 그러기 위해서 혜경궁 홍씨도 모진 세월을 감내했다. 아들을 지켜내긴 했지만 그래도 주변의 분위기는 심상치 않았다. 사도세자가 죽고 얼마 지나지 않아 아들이 다시 궁으로 들어가 동궁이 되었지만 그녀는 같이할 수가 없었다. 그렇게 오랜 기간 남편을 대신해 살린 아들과의 생이별을 견디며 살아야 했다. 궁에서 흉흉한 소문이 날 때마다 몇 날 며칠 먹지도, 잠을 이루지도 못했다. 나는 할 만큼 했으니 불편할 것 없다고 수백 번을 되뇌며 마음을 다잡았다. 그런데도 혜경궁의 마음은 좀처럼 편해지지 않았다. 현륭원이 가까워질수록 복잡 미묘한 감정은 점점 커져갔다.

썰민석의 역사 특강

◎ 강의 내용 ◎
- 화성 건설
- 규장각
- 신해통공 등

징조 19년(1795년) 윤 2월 9일에서 16일 사이, 정조가 어머니인 혜경궁 홍씨의 환갑을 맞이해서 수원에 있는 사도세자의 묘, 현륭원으로 갑니다. 이해는 혜경궁 홍씨의 환갑이면서 동시에 사도세자의 환갑이기도 합니다. 둘은 동갑이거든요. 그리고 정조가 처음으로 어머니를 모시고 사도세자의 묘로 가는 날이었습니다. 정조는 아버지에 대한 그리움과 효성이 지극했죠. 사도세자가 뒤주에 들어갔던 날, 5월 13일이 오면 해마다 모든 업무를 중지하고 경모궁에 가서 혼자 시간을 보냈습니다. 그리고 현

릉원에도 13번을 가는데, 어머니와 가는 건 그때가 처음이었으니 정조의 마음도 복잡했을 겁니다.

하지만 혜경궁 홍씨의 마음은 더 복잡했겠죠. 어린아이가 15년 동안 동궁 수업을 받으면서, 암살의 위협과 갖은 모략을 견뎌내고 왕위에 오릅니다. 그렇게 힘들게 왕이 되어 백성들에게 칭송받는 걸 보면서 어미로서 이보다 더 기쁠 수는 없을 겁니다. 그런데 중요한 건 죽은 남편의 무덤에 가야 하는데 남편이 죽을 때 자기가 방조했잖아요. 아들을 살리기 위해서요. 그러니 거길 어떻게 가겠습니까? 불편하기도 하고 또 나이 예순에 몸도 좋지 않았죠. 그러니 희비가 엇갈리고 만감이 교차할 수밖에 없었습니다.

아무튼 이렇게 복잡한 마음을 안고 수원으로 가는데, 그 행차하는 모습은 정말 대단했습니다. 화가 김홍도가 행차를 따르며 이 모습을 그리는데 그 그림이 『원행을묘정리의궤』에 실려 있습니다. 한 번 행차하는 데 동원된 인원이 약 6,000여 명이고요, 말만 1,400여 필이 갑니다. 행차를 하는 중에 백성들이 다가오는

<화성능행도>   ⓒ 국립중앙박물관
1795년 정조와 혜경궁 홍씨의 화성행차 모습을 8폭의 병풍 그림으로 남긴 것이다. 그림은 <화성능행도> 병풍의 한 부분이다. 이 중 '환어행렬도'에서 당시 화성행차의 성대함을 느낄 수 있다.

걸 정조는 막지 않았습니다. 그래서 백성들이 춤을 추고 꽹과리 치면서 풍악을 울리며 왕의 행렬을 쭉 따라다녔다는 겁니다. 뒤에는 엿장수가 오고 잔치국수 아줌마도 있고…… 정조의 행차는 범국민적 축제였던 거죠.

옛날에 백성들이 억울한 일이 있을 때면 꽹과리 등을 치면서 왕이나 높은 사람들이 지나갈 때 가마를 세우곤 했습니다. 그러고는 억울함을 호소하거나 글을 올렸는데, 이를 상언격쟁(上言擊錚)이라고 합니다. 이 상언격쟁을 가장 많이 받았던 왕이 바로 정조입니다. 정조는 수원을 오가는 길에 백성들과 직접 이야기를 나누고 고충을 들어주었습니다. 쌀이 필요한 노인에게는 쌀을 주고, 세금이 무겁다고 하는 백성에게는 세금을 면제해주기도 했습니다. 특히 성대했던 을묘년 수원 행차에서는 총 127건의 고충을 직접 해결해주었습니다. 정조가 남긴 유명한 말 중에 "나는 소설 읽는 것보다 백성들의 민원을 읽는 것이 훨씬 더 재미있다"라는 말이 있을 정도지요. 매일 밤늦게까지 안경을 쓰고 백성들의 상언을 봤던 가슴 따듯한 왕이 바로 정조입니다. 진짜 애민의 군주라고 보시면 되겠습니다. 그럼 이제 이런 정조의 업적을 살펴볼까요?

정조의 업적을 이야기하기 전에 정조가 왕이 되고 난 후의 상황을 먼저 살펴봐야 할 것 같습니다. 흔히 세종대왕과 정조를 많이 비교하잖아요? 저도 예전에 TV 예능프로그램인 〈무한도전〉에서 '선천적 천재 세종대왕 VS 후천적 천재 정조'라는 이야기로 방송을 한 적이 있습니다. 그런데 사람들은 "뭐 세종대왕만큼 업적이 없는데 뭘 그렇게 정조, 정조 하냐?"라고들 합니다. 그런데 그건 상황을 자세히 몰라서 하는 말이에요. 세종은 아버지 태종 이방원이 반대파들을 쇠망치로 엄청나게 숙청하고, 일하기 아주 편한 상태에서 축복받으며 왕이 됐습니다. 쉽게 말하면 하고 싶은 건 다 할 수 있었던 상황이죠.

하지만 정조는 그렇지 않잖아요? 역적의 아들이라는 굴레를 쓰고, 큰아버지의 아들로 입적되어 왕이 되었으니 동서남북이 다 적이에요. 사방에 서슬 퍼런 노론들이 어떻게 하면 왕을 잡아먹을지 고민하죠. 심지어 왕을 죽이겠다고 침전에 자객이 드는 일까지 벌어지잖아요. 저 같으면 아마 너무 복잡하고 힘들어서 일을 못했을 겁니다. 그런데 정치적 수완을 통해 그런 상황을 헤쳐나가면서 많은 업적을 남긴 왕이 정조입니다. 정말 대단한 거죠. 그러니 단순히 업적만 놓고 비교할 것이 아니라 이런 상황의

차이를 잘 봐야 합니다.

정조는 집권하자마자 문(文)과 무(武)를 다 잡아야겠다고 생각합니다. 자기 사람들을 얻어야겠다고 생각하죠. 그래서 숙위소를 만들어 홍국영을 숙위대장, 지금으로 치면 경호대장으로 앉힌 다음 나중에 그 기관을 장용영이라는 부대로 키웁니다. 이렇게 해서 군권을 잡습니다. 그다음에 문, 정치를 잡기 위해서 규장각을 만듭니다. 규장각은 왕실의 도서관으로 학술과 정책을 연구하는 기관의 성격을 띠지만, 실제로는 정조의 아지트 같은 곳이었죠. 세종대왕의 집현전 같은 곳이었습니다. 거기서 초계문신이라고 하여 과거에 급제한 사람들 중에서도 가장 영특한 사람들을 다시 뽑았습니다. 그러니까 다 시험 보고 들어온 공무원들인데 그중에서도 점수가 좋은 사람들을 다시 추리는 거예요. 그런 다음에 이들에게는 다른 업무를 맡기지 않고 규장각에서 공부만 하게 합니다. 이때 정조가 직접 강의도 합니다. 시험도 보고 끊임없이 공부를 시켜요. 인재 육성 프로젝트인 거죠. 이 초계문신의 대표적인 사람이 정약용입니다. 이렇게 사람들을 키워서 자기 옆에 포진시킵니다. 그래서 노론들을 견제하죠. 장용영을 통해 군권을 잡고, 규장각을 통한 초계문신제로 문을 잡은 겁니다.

그리고 정조의 업적 중 유명한 것이 탕평책입니다. 이건 정조의 증조할아버지, 그러니까 숙종 때 시작했던 거예요. "너희 붕당정치 이거 뭐냐? 균형이 맞지 않으니 이렇게 어지러운 것 아니냐? 그러니 내가 중심에 서서 시시비비를 가려 항상 균형을 맞춰주마"라고 하면서 왕권을 강화하고, 치우치지 않고 정치를 한 사람이 정조입니다. 사실 대부분의 사람들이 정조였으면 숙적들을 다 죽여버렸을 것 같아요. 아버지의 죽음과 연계된 반대파들을 다 죽이고 새로 시작했겠죠. 그런데 정조는 그렇게 하지 않았습니다.

사실 정조 때가 되면 사도세자의 죽음을 둘러싸고 또다시 파가 나누어집니다. 시파, 벽파로 나뉘는데, 복잡할 거 하나도 없어요. 시파는 시류에 영합한다는 겁니다. 정조가 왕이 된 다음에 사도세자 얘기가 다시 나왔을 거 아닙니까? 그럼 왕한테 잘 보이려면 어떻게 해야 되겠어요? "사도세자는 억울합니다. 그때의 관련자들을 모두 처벌하소서!" 이렇게 해야죠. 이런 식으로 시류에 영합한 이들이 시파예요. 소론, 정약용이 속한 남인, 그리고 사도세자가 죽을 때 가담하지 않았던 일부 노론들이 모두 시파가 됩니다. 벽파는 뭐냐면 산간벽지라는 말이 있죠? 궁벽할 때 벽(僻)

이에요. 후미질 벽 자죠. 왕으로부터 멀다는 말입니다. 왕으로부터 멀다는 건 뭡니까? "사도세자의 죽음은 정당한 결정이었다. 그는 왕이 될 수 없는 사람이야. 역적이다!" 이러는 거죠. 그러니 왕으로부터 먼 겁니다. 이들이 벽파입니다. 그러니까 실제로 정조의 적은 노론 벽파였습니다. 정순왕후가 그쪽이거든요. 그런데 정조는 그 노론 벽파들도 과감히 기용했습니다. 대표적인 인물이 심환지입니다. 심환지는 노론 벽파의 최고 영수, 즉 우두머리인데 다들 훗날 정조를 심환지가 독살했다고 생각하고 있었어요. 그런데 얼마 전에 심환지와 정조가 주고받은 360여 통의 서신이 발견되었죠. 그걸 보면 정말 별의별 얘기가 다 나옵니다. 측근 대신인 서용보를 '호로자식'이라고 표현하고, 젊은 학자 김매순을 '입에서 젖비린내 나고 미처 사람 꼴을 갖추지 못한 놈', 어용겸의 자제들을 '그 집 젊은 것들은 모두 개돼지보다도 못한 물건'이라 표현하며 뒷담화도 직설적으로 합니다. 한편으로는 유머러스한 표현으로 '껄껄(呵呵)'이라는 의성어를 사용할 줄 아는 호쾌한 정조였습니다. 이런 말들을 허물없이 했다는 건 정조가 심환지를 측근으로 뒀다는 것이죠. 오늘날로 따지면 현직 대통령이 야당 대표와 문자 주고받으며 잡담하는 것과 같은 거예요. 정조는 정치 10단이었습니다. 적군과 아군을 떡 주무르듯이 주물렀던 정치의 달인이었습니다.

그 외에도 '신해통공'이라는 정책을 펴는데, 당시만 해도 장사를 한다는 것, 특히 서울에서 장사를 한다는 건 어마어마한 특권이었거든요. 그러니까 높은 관리한테 돈이라도 좀 바치고 해야되는 거죠. 그런데 정조가 그런 특권을 없애버리고 모든 사람들이 다 장사할 수 있도록 해줍니다. 한마디로 모든 사람들이 다 먹고살 수 있게 해준 정책이 바로 신해통공입니다.

그리고 정조의 업적에서 빼놓을 수 없는 것이 문예부흥이죠. 그래서 정조 시대를 조선의 르네상스라고도 합니다. 실용적인 학문, 즉 실학이 발전합니다. 그래서 정약용뿐만 아니라 서얼 출신의 능력 있는 사람들이 대거 등용됩니다. 이덕무, 유득공, 박제가, 이런 이들이 대부분 서울 중인 출신들인데, 규장각 검서관으로 등용을 하죠. 그리고 김홍도도 있어요. 김홍도와 정조는 사이가 굉장히 각별했다고 합니다. 정조가 얼마나 김홍도를 아꼈느냐면, 자신의 초상화를 김홍도에게 그리게 합니다. 조선시대 때임금의 초상화를 그릴 수 있다는 것은 정말 믿음이 두텁다는 것을 의미합니다. 임금 앞에서는 고개도 못 들고, 임금의 얼굴도 못

보는 것이 일반적인데 초상화를 그리려면 계속 얼굴을 봐야 하잖아요. 그만큼 정조는 김홍도와 각별한 사이였답니다. 정조는 김홍도에게 백성들이 사는 모습을 그려오라고 시킵니다. 그래서 김홍도의 풍속화를 보면 다들 웃고 있어요. 심지어 논 갈고 밭 가는 소들도 웃고 있죠. 왕이 보기 위한 그림인데 거기서 어떻게 인상을 쓰겠어요? 어쨌든 이런 문예부흥이 가능했던 건 그만큼 정조가 개방적인 임금이었기 때문이라고 생각합니다.

이제 정조 마지막 업적을 살펴봅시다. 뭐가 빠졌죠? 맞습니다. 화성입니다. 화성은 한마디로 정조의 꿈이 담긴 곳이에요. 정조 업적의 백미입니다. 우리가 학교 다닐 때 화성 하면 정약용의 거중기만 잠깐 배우고 마는데, 화성은 사실 그게 중요한 게 아니에요.

화성 건축의 이야기를 살펴볼까요? 사실 정조의 아버지, 즉 사도세자의 묘는 원래 지금의 동대문구에 있었습니다. 그런데 지관한테 물었더니 수원이 최고 명당이랍니다. 용이 여의주를 물고 있는 형상이라는 거예요. 그래서 아버지의 묘를 그쪽으로 옮기라고 명을 내립니다. 그런데 재미있는 것이 사도세자의 묘를 옮기

김홍도, 〈논갈이〉
정조 시대의 뛰어난 화가였던 김홍도의 작품으로, 소가 매우 온화하게 미소 짓고 있는 것을 볼 수 있다. 정조가 백성을 아끼고 사랑하는 마음이 김홍도의 작품에서도 전해지고 있다.

기 전에는 정조에게 자식이 없었어요. 그런데 아버지의 묘를 수원으로 옮기자마자 왕비가 아이를 가집니다. 그래서 '어? 정말 풍수지리가 맞나 보다'라고 생각하게 되죠. 그때 생긴 아이가 훗날 정조의 뒤를 잇는 순조입니다. 그런데 이 순조가 태어난 날이 혜경궁 홍씨의 생일이에요. 그러니까 할머니랑 손자가 생일이 똑같은 거예요. 지금 생각하면 이건 누가 봐도 우연이죠. 그런데 옛날 사람들은 이런 것에 굉장히 민감했습니다. 이 모든 것이 아버지 사도세자의 덕이라고 믿게 되죠. 그래서 정조는 나중에 수원에 큰 성을 짓고, 거기서 자신의 이상향을 펼쳐야겠다고 결심합니다. 이성계가 수도를 개성에서 한양으로 옮긴 것 못지않은 신도시 건설 계획은 이런 연유에서 시작하게 됩니다.

정조의 계획은 1804년, 즉 아들 순조가 열다섯이 되는 해에 아들에게 왕위를 물려주고 자신은 화성으로 가겠다는 것이었습니다. 그 당시 15세부터는 성인이었으니 왕이 될 수 있었거든요. 그리고 그 해가 어머니 혜경궁 홍씨가 칠순이 되는 해예요. 그때를 기다리고 준비하면서 약 6킬로미터에 달하는 성을 짓습니다. 그냥 성곽이 아니라 군사 방비 기능을 갖춘 견고한 요새였죠. 그 안에는 왕이 거처하는 행궁이 있습니다. 그 앞에 시장이

건설되어 있어요. 그 옆에는 논이 있고, 밭이 있고, 뽕나무, 잣나무 등 과실나무가 있습니다. 또 안에는 수로를 만들어서 물이 흐르고, 호수와 연못이 있습니다. 군인들의 숙위소도 있어 성 안에서 모든 걸 할 수 있는 하나의 작은 나라를 만든 거예요. 공자가 말했던 모두가 잘 사는 이상사회인 대동사회를 그 안에서 실현시켜보려고 했던 것이죠. 수원 화성은 일종의 모델하우스인 셈입니다. 일종의 가상공간 매트릭스였어요. 그 안에서 진화하려고 했던 겁니다. 화성 안에서 이렇게 한 번 이상적인 세계를 만들어보고, 화성을 거점으로 전 조선을 발전시키려 했습니다. 그래서 화성을 정조의 꿈, 정조가 구상한 신세계라고 하는 것입니다. 그러나 정조는 그 꿈을 이루지 못하고 1800년, 계획을 실행에 옮기기 4년 전에 등에 난 종기가 온몸으로 퍼지는 바람에 49세를 일기로 생을 마감하게 됩니다.

화성 장안문

ⓒ 문화재청

수원 화성의 북문으로 규모나 구조가 서울의 숭례문과 매우 비슷하지만, 옹성(성문 보호를 위하여 성문 밖으로 또 한 겹의 성벽을 둘러쌓아 이중으로 쌓은 성벽)과 적대(성문과 옹성을 공격하는 적을 방어하기 위해 높은 대를 쌓은 시설)와 같이 숭례문에는 없는 새로운 방어용 시설을 갖추고 있는 점이 독특하다.

✤ 을묘년 화성 행차의 규모

을묘년(1795년)의 화성 행차는 『원행을묘정리의궤』에 자세히 기록되어 있으며, 이 의궤는 유네스코 세계기록유산으로 지정되었습니다. 행렬의 모습을 담은 반차도에 나타난 인원은 1,779명이지만, 현지에 미리 가 있거나 도로변에 대기하면서 근무한 자를 포함하면 6,000여 명에 이르는 엄청난 인원이 동원되었습니다.

⬗ 상언격쟁의 해결

상언은 관원이나 유생, 사림 등 공부한 사람들이 임금에게 의견을 제시하는 것이지만, 상소와 다르게 일반 사람들이 어려운 한자가 아니라 이두(한자의 음과 훈을 빌려 국어를 적는 방법)를 사용할 수 있어, 자신의 의견을 제시할 수 있는 보다 개방적인 방법입니다. 이보다 더 적극적인 방법이 격쟁입니다. 격쟁은 억울하거나 원통한 일을 당한 사람이 임금이 행차하는 길에서 징이나 꽹과리를 치며 임금에게 하소연하던 제도입니다. 정조는 수원으로 행차하는 길을 사람들의 억울함을 풀어주고, 백성의 소리를 들을 수 있는 기회로 삼았습니다. 정조는 25년의 재위 기간 동안 3,358건의 상언과 격쟁을 처리했으며, 내용과 처리 결과를 자세하게 기록해 신하들이 자칫 소홀히 하지 않도록 경계했다고 합니다.

⬗ 규장각과 초계문신

규장각은 조선시대 왕실 도서관이면서 학술 및 정책을 연구한 기관입니다. 규장각에는 제학, 직제학, 직각, 대교 등 6명의 관원을 두었는데, 이를 각신이라고 하여 가장 명예로운 벼슬이라 일컬어졌습니다. 하급 관료로는 서적의 교열과 정서를 맡은 4인의 검서관과 중요한 서적의 출납을 맡은 2명의 영첨이 있었습니다. 특히 검서관에는 이덕무, 유득공, 박제가 등 서얼 출신들이 활약했습니다.

초계문신제도는 문과에 급제한 초급 관리 중에서 엘리트를 선발하여 재교육을 시키는 프로그램으로, 37세 이하의 신진 학자들 중에 선발된 초계문신들은 규정에 따라 경서와 역사서를 읽고 정기적으로 시험을 치르고 그 성적에 따라 상과 벌을 받았습니다. 이를 통해 정조는 조선의 학문을 진작하는 한편 이들을 국정 운영의 동반자로 삼았고, 이에 따라 규장각은 정조의 정치개혁을 수행하기 위한 정치기구로 발전하게 됩니다.

❀ 붕당정치

원래 붕당은 조선 중기에 학문적, 정치적 입장에 따라 형성된 집단을 말합니다. 학문적 사상의 중심이 되는 학자들이었지만, 정조 대에 이르면 학문적 성격은 사라지고 정권의 우위를 차지하기 위한 당파 싸움으로 변질됩니다.

● 탕평책

탕평이라는 말은 『서경(書經)』「홍범조(洪範條)」의 '무편무당 왕도탕탕 무당무편왕도평평(無偏無黨王道蕩蕩 無黨無偏王道平平)'이라는 글에서 유래했습니다. '치우침이 없고 무리지음이 없으면 임금의 정치는 넓어지고, 무리지음이 없고 치우침이 없으면 임금의 정치는 평탄해진다.' 즉 치우침이나 무리지음이 없으면 정치가 편해진다는 뜻입니다.

영조를 이은 정조도 탕평책을 계승하여 그의 거실을 '탕탕평평실(蕩蕩平平室)'이라 하고 노론, 소론뿐만 아니라 출신을 가리지 않고 서얼도 글 잘하는 사람을 등용했으며, 남인 출신을 영의정에 앉히는 등 적극적으로 탕평책을 써서 많은 효과를 거두었습니다.

● 신해통공

조선시대에는 왕실과 관청에 필요한 물품을 공급해주고 이에 대한 반대급부로 고유한 전매권을 가진 상인들이 있었는데, 이들을 시전상인이라 합니다. 이들은 매매를 전담하는 권리를 가지고 있었던 것인데, 다른 상인들이 그 물품을 판매하려고 할 때 금지시킬 수 있는 권한이 있었습니다. 이를 마구잡이로 생기는 시장(난전)을 금지하는 권리라고 하여 '금난전권'이라고 합니다.

그런데 조선 중기 이후에는 농촌 인구가 도시로 들어오면서 영세 상인들이 꾸준히 성장하는 상황이었습니다. 이들은 자신들의 영업을 방해하는 시전상인들에 대해 불만을 가지고 있었고, 정조는 이러한 백성들의 불만을 해소하기 위해 신해년(1791년)에 모두가 함께(공, 共) 물건을 사고팔 수 있도록(통, 通) 허락했는데, 이를 '신해통공'이라고 합니다. 단 국가의 주요 수요품을 담당했던 여섯 종류의 큰 상점은 제외했습니다. 이를 흔히 '육의전을 제외했다'고 표현합니다. 쉽게 설명하면 몇몇 종류만 제외하고는 자유로운 상공업 활동을 허락한 조치라고 보시면 됩니다. 이를 통해 농업 중심 사회였던 조선에서도 자유롭게 상업을 할 수 있는 길이 열리게 되었습니다.

✸ 정조의 이상 도시, 화성

정조 18년(1794년)에 정조는 10년의 장기 프로젝트를 구상합니다. 바로 화성 건설이죠. 완공 목표 연도는 1804년으로 사도세자가 칠순을 맞이하는 해이며, 아들 순조가 15세 성년이 되는 해입니다. 이때가 되면 정조는 왕위를 세자에게 물려주고 자신은 상왕의 자리로 물러나 화성에서 살고자 했습니다.

이를 위해 철저한 준비를 계획한 정조는 정약용에게 화성 설계를 위한 계획서를 작성하라 이릅니다. 정약용은 한강에 배다리를 놓았을 정도로 건축과 설계에 능했습니다. 정약용은 이 보고서에서 백성들의 강제 노역이 아닌 임금 노동을 제시합니다. 또한 무거운 물건을 쉽게 끌어올릴 수 있는 기계도 설계했습니다. 그것이 바로 그 유명한 거중기입니다. 또한 정조는 장용위를 국왕의 친위부대인 장용영으로 확대 재편합니다. 서울에 주둔하는 장용내영과 수원에 주둔하는 장용외영으로 나누었고, 장용외영은 화성 방어와 정조의 화성 행차 시 호위 업무를 담당하도록 했습니다. 이로써 화성 건설의 밑그림이 그려지게 되었습니다.

화성 건설이 시작된 후, 정조의 화성 행차는 더욱 빈번해졌습니다. 그만큼 화성에 깊은 관심을 가지고 열정을 쏟아부었음을 알 수 있습니다. 공사가 잘 진행되고 일꾼들의 원성이 티끌만큼도 없게 하려고 보살피고 또 보살폈습니다. 여름에는 무더위에 일꾼들이 지쳐 쓰러지지 않을까 염려하여 더위를 씻는 알약인 '척서단(滌暑丹)'을 나누어주기도 했습니다. 척서단의 효과에도 불볕더위가 계속되자 공사 중단을 명령하기도 합니다. 정조의 마음이야 하루라도 빨리 완공시키고 싶었겠지만, 무리한 공사로 사도세자에게 원성이 쏠리는 것을 원하지 않았던 효심과 백성을 사랑하는 마음을 드러낸 것이라 할 수 있습니다.

화성을 하나의 완전체 도시로 만들기 위해 정조는 저수지도 조성합니다. 화성 행차 때마다 눈여겨봐둔 황무지를 조사하여 농사 가능성을 확인했고, 이를 바탕으로 농사를 위한 저수지를 축조한 거죠. 흉년이 들어 백성들이 고통받을 때에는 국가의 장기 공사인 화성 건설을 중단하고, 일꾼들을 흉년 구제 사업으로 돌려 사용하면서, 백성들도 살고 저수지와 농토도 일구는 효과를 가져왔습니다. 이렇게 만들어진 대유둔(화성을 수리하는 데 드는 재물과 인력을 조달하기 위해 설치한 일종의 농장)의 3분의 2는 장용외영의 군인들이 직접 농사를 짓는 둔전으로 사용합니다. 둔전(군량을 충당하기 위하여 변경이나 군사 요지에 설치한 토지)을 일궈야 국방비를 걱정하지 않고 강한 군대를 만들 수 있다고 믿었기 때문입니다. 농업을 국가의 최대 사업으로 여겼던 조선에서 안정적인 농사를 실현시킬 수 있는 곳으로 화성이 만들어지고 있었습니다.

정조는 화성에 상가를 조성할 계획을 세웠습니다. 자신이 새롭게 설계하는 화성에 사람들이 모여들 수 있는 방안을 고민하고 있었는데, 이때 채제공이 상가를 지어 장사를 하게 한다면 자연스레 사람들이 모여 살고 인구가 증가될 것이라 제안합니다. 그리하여 화성 안 중심지에 상가를 조성하여 사거리를 만들었습니다. 원래 조선의 도시는 관청을 중심으로 대로가 뻗어나가는 것이 일반적이었으나 화성은 독특하게 사거리의 십자형을 띠게 됩니다. 그만큼 계획적으로 상업을 유치, 발전시키겠다는 의도가 포함되어 있는 것입니다.

정조 16년(1792년)에 작성된 『수원부읍지』를 보면 여덟 종류의 시전 명칭을 확인할 수 있습니다. 이는 화성 축성 당시에 부사 조심태가 국왕의 재가를 받아 1만 5천 냥을 무이자로 희망자에게 대출해주어 만들게 한 상설시장으로, 당시 한성부를 제외한 지방 도시에서 시전의 개설은 극히 드물었지만, 신도시 화성만큼은 이례적으로 상설시장을 설치하여 상업도시로 성장시키려는 의도가 담겨 있는 것이라 할 수 있습니다.

『수원부읍지』를 살펴보면 화성의 시전은 십자로를 중심으로 행궁이 있는 서쪽을 제외한 북, 동, 남쪽 도로변에 위치하고 있었다고 합니다. 생선과 과일을 파는 어물전과 비단을 파는 입색전, 무명, 모시, 목화를 파는 목포전과 소금, 일용잡화를 파는 상전, 장례에 사용되는 관과 곽을 파는 관곽전과 잡곡, 백미, 담배, 국수를 파는 미곡전과 종이류, 신발을 파는 지혜전, 그리고 별도로 놋쇠, 쇠를 다루는 유철전이 있었습니다.

이렇게 농업, 군사, 상업 시설을 모두 갖춘 화성은 정조 20년(1796년) 10월에 완공됩니다. 예상했던 10년보다 훨씬 빨리 완공된 거죠. 정조 18년(1794년)에 시작되어 약 34개월 만에 만들어졌으며, 그중 6개월간은 흉년으로 공사를 중단한 적도 있었으니, 오늘날의 시각으로 봐도 엄청나게 단기간에 공사가 이루어진 것이라 할 수 있습니다. 이렇게 공사 기간을 줄일 수 있었던 가장 큰 요인으로는 임금 노동을 실시함으로써 노동의 효율성이 올라간 점을 꼽을 수 있습니다. 강제로 끌려와 노동을 하면 어영부영 마지못해서 대강 하는 경우가 대부분이나, 맡은 분량의 일을 끝내면 임금을 주는 형식을 취하다 보니 밤낮 가리지 않고 열심히 일을 하게 되었고, 이것이 공사 기간 단축과 연결된 것이죠.

⊛ 정조 이후의 화성

정조가 죽고 난 후 화성은 어떻게 되었을까요? 우선 장용영은 정순왕후에 의해 혁파되었습니다. 서울에 있던 본영은 사라지고, 수원 화성에 있던 외영은 총리영으로 바뀌었다가 이마저도 고종 32년(1895년)에 철폐됩니다. 순조, 헌종, 철종 3대에 걸쳐 세도정치가 지속되면서, 의도적으로 화성을 파괴하려고 하지는 않았지만 정조만큼 화성에 애착을 갖지도 않았습니다. 또한 일제 강점기에는 화성행궁이 파괴되었고, 성곽 또한 무너진 채로 방치되었습니다. 1950년 6 · 25전쟁이 시작되면서 전쟁의 포화에 성곽과 시설물 등이 파괴되었습니다.

정조는 아버지 사도세자의 못다 이룬 꿈, 그리고 자신이 임금이었지만 당론에 휘말려 펼칠 수 없었던 꿈을 화성에서 실현하고자 했습니다. 집권 세력의 힘이 미치지 않는 새로운 공간에서 자신의 원하는 세상을 만들고자 한 계획도시가 바로 화성이었습니다. 그러나 정조는 자신의 소망대로 상왕이 되어 화성에 머무는 일은 실현하지 못한 채 세상을 뜨게 됩니다. 자신이 그토록 심혈을 기울였던 농업이나 군사, 상업이 화성에서 제대로 자리를 잡고 이루어지는 모습을 지켜보지 못한 거죠. 본인이 지켜보지 못했다 하더라도 아들인 순조가 그 뜻을 이루어갔으면 좋으련만 그것도 여의치 않았습니다. 순조 이후에는 외척들이 정권을 좌지 우지하는 세도정치가 계속되었기 때문에 왕의 권한은 더욱 줄어 들 수밖에 없었죠.

새로운 세상을 화성에서 펼쳐보고자 했던 정조의 꿈은 실현 되지 못했습니다. 원하는 것을 다 이루지 못하고 떠난 삶이 얼마 나 아쉬웠겠습니까? 특히 화성이 일찍 완성되어 그곳에 들어가 살 날만을 기다리고 있던 상황, 꿈의 달성이 손에 잡힐 듯 가까워 져 있는 상황에서 죽음을 맞이하니 원통하지 않았을까요? 그래서 정조의 삶이 더 아쉽고 슬프게 다가오는 것 같습니다.

물론 지금은 유네스코 세계문화유산으로 지정되어 전 세계 사람들이 화성을 보기 위해 일부러 찾아오기도 합니다. 200년 전 의 건축물이라고 하기에는 믿기 어려운 기술이 집약되어 있는 곳 으로 방문한 많은 사람들이 감탄을 아끼지 않고 있습니다. 그러 나 정조가 원했던 화성은 건물만 남아 있는 껍데기가 아니었을 겁니다. 사람들이 그 안에서 직접 생활하며, 따뜻한 공기가 흐르 는 사람 사는 곳을 꿈꿨겠지요. 화성을 중심으로 농사도 짓고, 물건도 사고팔면서 인정을 나누고, 견고한 성곽이 안락함을 보장해 주는 살기 좋고 편안한 세상을요. 화성이 유네스코 세계문화유산으로 지정되었기 때문에 정조는 꿈을 이룬 행복한 사람이라고 볼 수도 있겠습니다. 그러나 적어도 제가 보기에 정조의 꿈은 아직도 미완으로 남아 있습니다.

화성 건축과 관련된 내용은 『화성성역의궤』에 기록되어 있으며, 이 책 역시 유네스코 세계기록유산으로 지정되어 있습니다.

정조의 한마디

소설보다 백성들의 민원을 읽는 것이 더 재미있다.

임금께서 조용히 요양하던 때 도제조 서명선이 아뢰었다.

"신이 어제 경연 자리에서 뵈었더니 주상의 건강이 아직 회복되지 않으셨는데도 불구하고 팔도에서 올라온 보고서를 친히 살펴보고 계셨습니다. 아무래도 몸을 보고하는 데 방해가 될까봐 걱정입니다."

그러자 임금께서 이렇게 말씀하셨다.

"정신을 조금 차리고 보니 국사가 많이 적체되어 있었소. 그래서 부득이 친히 살펴보는 것이오. 보고서는 반드시 직접 살펴보아야 뒤에 가서 뭔가 잘못되었다는 탄식이 나오지 않소. 나는 본래 천성이 특별히 좋아하는 것이 없기는 하지만 소설 같은 것들에는 조금도 마음이 즐겁지 않소. 오로지 때때로 보고서나 책자를 보는데 그러면 아픈 것을 조금이라도 잊을 수 있소."

『홍재전서』 중에서

1784년 윤행임이 정조와 서명선 사이에 오간 대화를 기록한 것입니다. 정조는 책이나 업무 보고서가 그나마 즐거움을 느낄 수 있는 것이라 여겨, 밤늦게까지 읽는 것이 피로하지 않다고 하고 있습니다. 즉 피로를 잊을 만큼 즐거움이 크다는 것이죠. 과다한 업무에 스트레스를 받지 않고 진정으로 즐기고 있는 정조야말로 워커홀릭의 갑이라 할 수 있겠습니다. 화성 행차를 매년 했던 것도 백성들의 소리를 직접 듣기 위함이었고, 행궁에 머물 때에도 민원을 처리하는 것을 매우 중요시했던 임금이 바로 정조였습니다.

장면 6.

독살(毒殺)? 독살(獨殺)!

죽음

◎ 일 시 ◎

정조 24년(1800년) 6월 28일

◎ 사건 장면 ◎

유시(오후 5~7시)에 창경궁 영춘헌에서 승하하였다.

◎ 강의 내용 ◎

- 종기로 인한 죽음
- 독살설의 의견
- 현대인들의 정조에 대한 평가

까르르~

어린 이산의 웃음소리가 궁궐 안에 가득 울려퍼졌다. 무엇이 그리도 좋은지 한시도 가만있지 못하고 뛰어다녔다. 그 뒤를 사도세자가 따라다니고 있었다. 행여 넘어지기라도 할까, 팔이 닿을 만한 거리를 유지하고 이름을 부르며 따라다니는 사도세자의 얼굴에는 행복이 넘치고 있었다. 평화로운 오후였다. 세상의 모든 꽃과 나비, 그리고 아름다운 것들이 사도세자와 세손(이산)을 감싸고 있었다.

그러나 그 나비들이 물러간 자리에 사도세자는 오간 데 없고 낡은 뒤주가 놓여 있었다. 어린 이산은 갑자기 사라진 아버지를 찾아 헤맸다. "아버지, 아버지!" 애타게 찾는 부르짖음에도 사도세자는 아무런 대답이 없었다. 다만 낡은 뒤주가 이산이 가는 곳마다 나타났다. 이상하게 여긴 이산이 뒤주로 다가갔다. 낡은 뒤주는 여기저기에 피가 묻어 있었고, 찌든 쉰내와 역한 오줌 냄새도 났다. 곧 썩어 부서질 것 같은 뒤주는 제 몸뚱이보다 더 큰 자물쇠로 굳게 잠겨 있었다. 그런데 그 안에서 갑자기 사도세자의 목소리가 들렸다. 알아들을 수는 없었으나 이산은 아버지임을 확실하게 알 수 있었다. 이산은 자물쇠를 열기 위해 애를 썼다. 아버지가 위험하다는 걸 직감할 수 있었다. 이산은 울며불며 사람들을 불렀지만 누구도 그냥 지나쳐갈 뿐 이산을 도우려 하지 않았다. 고군분투하던 이산이 드디어 자물쇠를 깨부수는 순간, 갑자기 뒤주가 불에 타기 시작했다. 이산은 아버지를 구하려 했으나 다가갈 수도 없었다. 어린 이산은 자리에 주저앉아 목 놓아 울기 시작했다. 불타고 있는 뒤주 주위에 사람들이 모여들었다. 그런데 이번에도 누구도 도우려 하지 않았다. 아니 오히려 알 수 없는 미소를 짓고 있었다. 그리고 그 무리 사이에 할아버지 영조가 같은 표정으로 서 있었다. 할아버지를 본 이산은 더욱 크게 울부짖었다.

꿈이었다. 정조가 잠시 정신을 잃은 사이에 또 같은 악몽을
꾸었다. 급격히 병세가 악화되어 자리에 누운 며칠 동안 가위눌
림이 계속 반복되었다. 아버지, 뒤주가 계속 꿈에 나타났다. 아
버지와의 어린 시절은 지금 생각해도 행복했다. 정조는 아버지의
사랑을 독차지한 아들이었다. 할아버지 또한 정조에 대한 사랑이
지극했다. 어느 자리든 항상 정조를 데리고 다녔고, 시간이 날 때
면 함께 놀아주었다. 만나는 모든 사람에게 정조에 대한 자랑을
늘어놓았다. 그런 아버지와 할아버지를 정조도 무척이나 따랐다.
그런데 요즘 들어 자꾸 꿈에 아버지와 할아버지가 보였다. 정조
에게 자꾸만 같이 가자고 했다. 몇 번이나 뿌리쳐보았지만 뿌리
쳐지지 않았다. 정조는 이제 마지막이 다가오고 있음을 어렴풋이
알 수 있었다.

누구보다 굴곡진 인생이었다. 왕의 손자, 세자의 아들이었
다. 그러나 갑자기 역적의 아들로 낙인 찍혀 대궐 밖으로 쫓겨나
기도 했다. 다시 궐로 돌아가 죽은 아버지 대신 세자가 되었으나
누구 하나 편들어주는 이가 없었다. 마음속의 말을 시원하게 꺼내

볼 수도 없었다. 죽이겠다는 협박 편지들을 받았다. 왕이 되어서도 상황은 변하지 않았다. 심지어 자객들이 침입하기도 했다. 이런 힘든 상황에서도 견뎌낼 수 있었던 힘은 바로 아버지였다. 정조는 아버지를 생각했다. 자기가 왕이 되어야 아버지의 억울함을 풀 수 있다고 생각했다. 그래서 더욱 공부에 매진했고, 하고 싶은 말은 더욱 깊숙한 곳에 묻어두었다. 그렇게 평생을 그리워했던 아버지, 이제 그 아버지를 만날 시간이 왔음을 정조는 알고 있었다.

얼마 지나지 않아 정순왕후가 방으로 들어왔다. 정조가 정신을 잃어가면서 수정전(정순왕후의 거처)을 외친 까닭이었다. 대신들은 부리나케 달려가 정순왕후를 모셔왔다. 방에 들어온 정순왕후는 의식을 잃고 누워 있는 정조를 한참이나 바라보았다. 그러고는 방 안에 있는 사람들을 물리쳤다. 대신들은 밖에서 조용히 정순왕후가 나오기만을 기다렸다. 시간이 얼마나 지났을까. 안에서 정순왕후의 곡소리가 들렸다. 대신들이 놀라서 방 안으로 들어갔다. 그러고는 끝이었다. 정조는 더 이상 미동도 하지 않았고, 이내 거친 숨을 힘겹게 내뱉던 그의 코와 입도 아무런 반응이 없었다.

천년과도 같은 시간이었다. 48년, 길지 않은 정조의 삶에는 천년이 흘러야 겪을 수 있는 희로애락이 오롯이 담겨 있었다. 동궁 시절부터 단 하루도 편하게 잠을 자본 적이 없었다. 죽음의 위협에 옷을 입은 채 잠을 청한 것도 부지기수였다. 그럼에도 백성들에 대한 애정은 멈추지 않았다. 백성들과 함께 잘 살기 위해 부단히 노력했던 왕이었다. 그 꿈을 모두 담아 화성을 건축했다. 그리고 그 화성으로 들어가기로 마음먹은 1804년을 4년 앞둔 여름, 정조는 48년 만에 가장 편안하게 누워 잠들었다.

창경궁 영춘헌, 집복헌 지붕 모습
창경궁 영춘헌은 내전 건물이며, 집복헌은 영춘헌의 서쪽 행각이다. 집복헌에서는 사도세자와 순조가 태어났으며, 영춘헌에서는 정조가 승하하였다.

설민석의
역사 특강

⊙ 강의 내용 ⊙
− 종기로 인한 죽음
− 독살설의 의견
− 현대인들의 정조에 대한 평가

정조는 1800년 음력 6월 28일 유시, 그러니까 오후 5시에서

7시 사이에 창경궁 영춘헌에서 세상을 뜹니다. 누구보다 드라마

틱한 삶을 살다 간 왕이었죠. 실록을 살펴보면 정조가 종기 때문

에 한 달여를 앓았다는 것을 알 수 있습니다. 요즘은 항생제를 먹

으면 종기가 바로 낫지만, 옛날에는 종기로 죽는 사람이 많았습

니다. 조선 왕 27명 중에 12명이나 직간접적으로 종기 때문에 시

름시름 앓다가 죽었습니다. 정조도 등에 종기가 났는데, 화병이

있으니 점점 번지고 더운 여름이라 더 번지고 하다가 머리까지

장면 6. 독살(毒殺)? 독살(獨殺)!

번져서 죽습니다. 그런데 이 부분에서 정조 독살설이 나옵니다. 정조가 종기를 치료하려고 약을 썼는데, 그 약이 바로 인삼탕이었습니다. 그럼 정말 정조는 독살당한 게 맞을까요?

제 생각부터 말씀드리면 "독살이 아니다"입니다. 그럼 근거를 말해야겠죠? 먼저 정조는 건강에 굉장히 관심이 많은 왕이었습니다. 정조는 술이 자기 몸에 맞는다고 생각해서 즐겨했습니다. 신하들 술 먹이는 재미로 살았다고도 하죠. 어느 정도였느냐면, 정조가 정약용에게 필통에 술을 따라줄 정도였다고 합니다. 그럼 마셔야겠죠? 왕이 따라준 술을 버리는 건 있을 수도 없는 일이죠. 그리고 과거 시험장에서 시험을 보고 있는데 갑자기 "야, 술 먹자!" 하고는 술을 막 돌립니다. 그래서 술판이 벌어지죠. 어떤 신하는 취해서 남쪽에다 절을 하고, 또 누구는 업혀나가고 이러는데, 정약용만이 남아서 일일이 채점 다 하고 등수 정하고는 꼿꼿하게 서서 집에 갔다는 얘기가 전해질 정도로 정조는 술을 좋아했습니다. 지금도 수원 화성에 있는 정조의 동상을 보면 술병을 들고 있어요. "한잔하고 가시게" 하고 있는 거죠. 이렇게 술을 가까이한 게 다 몸에 맞아서 그런 거죠. 그리고 또 정조는 엄청난 애연가였습니다. 그 당시에는 담배를 남령초라고 해서 몸에 좋은 줄 알았어요. 정조는 이 남령초에 대해 "호흡을 깊게 하고 머리를 맑게 하며, 암기를 증진시키고 화장실에서 악취를 없애고, 마음을 편안하게 한다. 만물이 인간에게 준 선물 가운데 가장 좋은 것이 담배가 아니냐. 이 담배를 피우지 않으면 인간의 도리가 아니다"라고 합니다. 그러면서 당시 공무원 시험에 "어떻게 하면 온 백성이 담배를 피울 수 있는지 그 방안에 대해서 연구하라"라는 문제를 출제하기도 합니다. 담배가 몸과 마음에 유익한 것이라 생각해서 많이 피웁니다. 그만큼 자기 몸 관리에 관심이 많고 신경을 썼던 거죠. 거기다 활쏘기나 무술을 좋아하니까 운동도 하면서 관리를 했고, 몸의 체질 같은 것에도 관심이 많아서 『수민묘전』이라는 의학서도 씁니다. 그래서 정조가 죽는 날의 기록을 보면, 곧 죽을 사람이 약을 가져온 내의원과 다음과 같은 대화를 나누죠.

"누가 지은 약인가?"

하니, 시수가 아뢰기를,

"강최현이 지은 것인데 여러 사람의 의논이 대체로 서로 비슷하였습니다."

하고, 상이 이르기를,

장면 6. 독살(毒殺)? 독살(獨殺)!

"5돈쯤인가?"

하니, 시수가 아뢰기를,

"인삼 3돈을 넣었습니다."

이런 후에 약을 마실 정도로 의학에도 지식이 밝았죠. 그런데 결국 그 인삼탕을 먹고 얼마 지나지 않아 죽습니다. 아무튼 이정도로 자기 몸과 의학에 관심이 많았던 왕이기 때문에 독살을하는 것이 쉽지는 않았을 것 같습니다.

독살이 아니라고 생각하는 또 하나의 근거는 당시 내의원 도제조가 누구였느냐 하는 겁니다. 어떤 상황에서 프로젝트 팀이 결성되면 그 팀의 팀장을 도제조라고 했습니다. 그런데 당시 내의원최고 책임자, 도제조가 이시수였습니다. 이시수는 소론 출신입니다. 노론이 아니에요. 소론인 데다가 정조의 완전한 오른팔 역할을 했던 사람입니다. 그러니까 독살을 했다는 건 말이 안 되죠. 거기다 내의원이 한둘이 아니기 때문에 특정인이 혼자서 약에 독을타고 왕에게 먹이고 하는 건 더욱이 말이 안 되는 일입니다.

그런데 의심스러운 사건이 있긴 합니다. 원래 조선시대에 왕이 죽을 때 여자들은 감히 그 자리에 나타날 수가 없었습니다. 그런데 정순왕후가 마지막으로 정조를 보거든요. 그런데 정순왕후와 정조는 사이가 좋지 않잖아요? 정조가 즉위하고 정순왕후의 오빠를 귀양 보냈죠. 그러니 사람들이 정순왕후를 의심하게 됩니다. 그런데 이날 정순왕후가 왜 정조를 보러 갔느냐면, 정조가 마지막으로 '수정전'을 외치고 정신을 잃어요. 수정전은 정순왕후가 기거하고 있던 곳이죠. 그러니까 사람들은 '어? 정순왕후가 보고 싶은가 보다' 혹은 '정순왕후에게 할 말이 있나 보네'라고 생각해서 정순왕후를 불렀습니다. 물론 어떤 사람들은 정조가 자기를 독살한 건 정순왕후라고 알리기 위해서 그랬을 거라고도 생각합니다. 어쨌든 정순왕후가 오는데, 와서는 다 나가 있으라고 하죠. 그리고 둘이 독대를 합니다. 그러다가 안에서 곡소리가 들리자 다시 들어가본 겁니다. 그런데 정순왕후가 방에서 나가고 얼마 되지 않아서 정조가 죽습니다. 이러니 누가 봐도 정순왕후가 독살한 것처럼 보이는 거죠. 어찌 보면 둘이 원수 사이기도 했고요.

정순왕후가 의심받게 되는 정황이 더 있습니다. 정조가 죽을 때 순조의 나이가 열한 살로 어렸습니다. 그래서 정순왕후가 4년 동안 수렴청정을 하는데, 그때 정조의 모든 정책을 다 폐기시켜버립니다. 일단 화성은 더 이상 공사하지 않고 방치하고, 장용영을 혁파하며, 정약용을 귀양 보내고 주변 인물을 숙청했고, 노론 벽파들을 다시 등용시키니 정순왕후가 독살한 거라고 생각할 수밖에 없는 거죠.

그러나 독살설의 설득력이 떨어지는 것이, 정순왕후가 경주 김씨 집안인데 노론에서 중심적인 역할을 하죠. 그런데 정순왕후가 수렴청정을 마치고 1년 뒤에 죽고 나면, 소론 세력들이 다시 집권하면서 노론 세력이 쫓겨나게 됩니다. 그러면 그때 정권을 잡은 소론 세력들이 암살을 밝혔어야 하는데, 아무도 암살에 대해 이야기하지 않습니다. 정약용만 정조가 독살당했다는 이야기를 남긴 적이 있다고는 합니다만, 정약용의 입장에서는 정조가 죽고 나서 가장 먼저 쫓겨난 사람이니까 당연히 그렇게 생각할 수도 있었겠지요. 그리고 이런 이야기를 했다는 건 어디까지나 소문이지 본인이 직접 주장한 적은 없습니다.

역사는 그런 것 같습니다. 의구심을 품을 수는 있습니다. 하지만 의구심을 뒷받침할 만한 증거가 있어야죠. 사실 정조의 죽음과 관련해서는 독살을 했다는 증거도, 안 했다는 증거도 없습니다. 그러니까 해석하기 나름이지만, 지금까지는 사람들이 너무 흥미 위주로 이야기를 퍼뜨려온 게 아닐까 합니다. 물론 사람들은 독살했다는 이야기를 더 듣고 싶겠지만, 역사를 공부하고 가르치는 사람으로서 독살 쪽으로 몰아가는 것은 곡학아세(그릇된 학문을 이용해 권력자나 세상에 아첨하는 모습)라는 생각이 듭니다. 공부를 하면 할수록 정황상 독살과는 거리가 멀다고 판단됩니다. 그리고 독살 이전에 이미 정조의 몸은 많이 약해져 있기도 했죠. 워낙 많은 업무로 인한 과로와 스트레스, 그리고 담배 때문에 몸이 성하지 않았습니다. 그리고 정조의 독살설과 관련해서 정순왕후 다음으로 의심을 많이 받은 인물이었던 심환지도 정조와 주고받은 편지가 공개되면서 어찌 보면 누명을 벗었다고 할 수 있죠.

이렇게 해서 정조의 삶과 업적을 사도세자의 죽음부터 시작해서 정조의 죽음까지로 나누어보았습니다. 정조에 대해서는 여러 가지 평가가 있어요. 얼마 전 한 방송에서 조사한 결과에 따르면 고등학교 역사 선생님들이 뽑은 청소년들이 알아야 할 인물 1위가 정조였습니다. 그리고 수능 시험에서 세종대왕과 김구를 누르고 가장 많이 출제된 인물도 바로 정조입니다. 사실 업적으로 따지자면 세종대왕보다 많겠습니까? 시대적으로 가깝기는 김구보다 가까운가요? 하지만 정조가 이렇게 관심을 받는 건 급변하는 시기였던 조선 후기를 르네상스로 이끌었고, 또 누구보다 백성을 아끼는 애민정신이 강한 군주였기 때문이죠. 그리고 정조의 삶에서 좋았던 시절이 많지 않잖아요? 역적의 아들이라는 차가운 시선 속에 살았고, 왕이 돼서도 사방이 대부분 정적들뿐이었죠. 그런 상황에서도 정조가 호연지기를 잃지 않고, 서책을 놓지 않고, 강한 의지와 현명함 그리고 추진력으로 나라를 잘 이끌었기 때문에 오늘날과 같은 관심과 평가가 있는 것이라고 생각합니다.

정조가 독살을 당했는지 아닌지는 정확한 증거가 있는 것이 아니기 때문에 앞으로도 논란은 있을 것입니다. 그리고 사실 조선시대에 일개 벼슬아치도 아닌 왕이 독살을 당했을 수 있다는 말에는 충분히 관심이 가기도 하죠. 하지만 명확한 건 그런 것 같습니다. 정조는 일평생 고독 속에서 살아왔고, 그 고독을 표현할 수 없는 환경에서 자라왔습니다. 그래서 어쩌면 정조를 죽인 것은 독살(毒殺)이 아니라, 고독한 죽음, 즉 독살(獨殺)이 아닐까 생각합니다. 고독했던 왕, 그러나 누구보다 가슴 따뜻한 애민정신을 발휘했던 임금 정조의 삶 이야기를 여기서 마치겠습니다.

✿ 취하지 않은 자, 집에 가지 못한다

정조 21년(1797년) 1월 1일. 정조는 윤음(임금이 신하나 백성에게 내리는 말)으로 『향례합편』을 편찬하여 백성을 교화하도록 했습니다. 이 책에는 향음주례(鄕飮酒禮)에 관한 의식을 자세히 정리해놓았습니다. 향음주례란 향촌의 선비나 유생들이 향교나 서원 등에 모여 학덕과 연륜이 높은 이를 주빈으로 모시고 술을 마시면서 잔치를 하는 향촌의례의 하나입니다. 즉 술과 함께 서로 통하고 화합하는 자리는 만드는 것이라고 할 수 있습니다. 이를 적극 권할 만큼 정조는 술을 통한 화합을 중요시하였고, 그만큼 정조가 애주가였음을 보여주는 자료입니다.

정조는 주량이 상당했던 것으로 전해집니다. 어머니 혜경궁 홍씨가 자신을 보러 다녀갔던 날에는 그 기쁨을 즐기기 위해 술을 하였는데, 그 양이 홍로(증류주의 일종) 큰 병 하나였고 상당한 양이었음에도 불구하고 취하지 않았다고 합니다. 또한 정조는 술을 좋아했던 만큼 풍류를 즐길 줄 아는 왕이었습니다. 본인이 술을 즐길 줄 알기 때문에 취기로 생기는 일에 대해서는 너그럽게 받아들였다고 합니다. 실제로 성균관 제술 시험에 합격한 유생들과 즐겁게 술자리를 함께하는 일화가 『정조실록』에 기록되어 있습니다.

성균관 제술 시험에서 합격한 유생을 희정당에 불러 보고 술과 음식을 내려주고는 연구로 기쁨을 기록하라고 명하였다. 상이 이르기를,
"옛사람의 말에 술로 취하게 하고 그의 덕을 살펴본다고 하였으니, 너희들은 모름지기 취하지 않으면 돌아가지 않는다는 뜻을 생각하고 각자 양껏 마셔라. 우부승지 신기는 술좌

석에 익숙하니, 잔 돌리는 일을 맡길 만하다. 내각과 정원과 호조로 하여금 술을 많이 가져오게 하고, 노인은 작은 잔을, 젊은이는 큰 잔을 사용하되, 잔은 내각의 팔환은배를 사용토록 하라. 승지 민태혁과 각신 서영보가 함께 술잔 돌리는 것을 감독하라.”

하였다. 각신 이만수가 아뢰기를,

“오태증은 고 대제학 오도일의 후손입니다. 집안 대대로 술을 잘 마셨는데, 태증이 지금 이미 다섯 잔을 마셨는데도 아직까지 취하지 않았습니다.”

하니, 상이 이르기를,

“이 희정당은 바로 오도일이 취해 넘어졌던 곳이다. 태증이 만약 그 할아버지를 생각한다면 어찌 감히 술잔을 사양하겠는가. 다시 큰 잔으로 다섯 순배를 주어라.”

하였다. 식사가 끝난 뒤에 영보가 아뢰기를,

“태증이 술을 이기지 못하니 물러가게 하소서.”

하니, 상이 이르기를,

“취하여 누워 있은들 무슨 상관이 있겠는가. 옛날 숙종조에 고 판서가 경연의 신하로서 총애를 받아 임금 앞에서 술을 하사받아 마시고서 취해 쓰러져 일어나지 못하였던 일이 지

장면 6. 독살(毒殺)? 독살(獨殺)!

금까지 미담으로 전해지고 있다. 그런데 지금 그 후손이 또 이 희정당에서 취해 누웠으니 참으로 우연이 아니다."

하고, 별감에게 명하여 업고 나가게 하였다. 그때 가랑비가 보슬보슬 내리니, '봄비에 선비들과 경림(瓊林, 전시의 합격자 발표가 있은 후 진사들에게 잔치를 베풀어주는 것을 경림연이라 함)에서 잔치했다'는 것으로 제목을 삼아 연구를 짓도록 하였다. 상이 먼저 춘(春) 자로 압운하고 여러 신하와 여러 생도들에게 각자 시를 짓는 대로 써서 올리게 하였다. 그리고 취하여 짓지 못하는 자가 있으면 내일 추후로 올리라고 하였다.

『정조실록』, 정조 16년(1792년) 3월 2일

여기서 '취하지 않으면 돌아가지 않는다'라는 뜻의 '불취무귀(不醉無歸)'는 정조가 그만큼 술을 사랑했음을 나타냄과 동시에, 술이라는 윤활유를 사용해서 극심하게 대립하고 있던 붕당 사이를 화해시키려는 노력으로도 볼 수 있습니다. 당시 노론과 소론이 서로 대립각을 세우며 '당색이 다르면 조문도 하지 않는다'고 할 정도로 서로를 원수 보듯해 주요 국책사업이 번번이 무산되는 지경이었습니다. 지금도 술 한 잔 기울이며 화해하는 것처럼, 취할 때까지 술을 마시게 하여 서로의 속내를 드러내고 더욱 가까워질 수 있도록 하기 위한 임금의 노력이었던 것이죠. 그만큼 즐겁게 마셔야 하는 술 한 잔에도 정조에게는 왕으로서 해야 할 일들이 숨겨져 있었던 것입니다. 동시에 백성들이 부담없이 즐거운 마음으로 술을 마실 수 있는 평화롭고 풍요로운 세상이 오기를 바라는 임금의 마음이 함께하고 있습니다.

⊛ 애연가 정조

정조는 술과 함께 담배도 사랑했습니다. 담배를 피우는 것이 사람 건강에 좋다고 생각했기 때문이었죠. 항상 과중한 업무에 시달렸던 정조는 가슴이 꽉 막히는 듯한 느낌이 드는 울화병을 지니고 있었습니다. 이 병을 고치기 위해서 백방으로 수소문하여 약을 먹었으나 효과는 없었고, 오로지 담배를 피움으로써 해결했다고 합니다. 담배 한 모금이면 가슴의 막힌 것이 저절로 사라지고, 연기의 진기가 폐를 적셔 밤잠을 편안히 잘 수 있었다고 말하고 있습니다.

하지만 정조 시대에는 담배로 인한 사회문제가 대두되고 있었습니다. 농민들이 벼농사보다 상품 작물이 되는 담배농사에 치중하다 보니 지력이 약해지고 식량이 부족하게 된 것입니다. 때문에 전국 각지에서 담배농사를 금해야 한다는 상소문이 올라오고 있는 상황이었습니다. 이러한 사정을 모두 이해하는 임금으로서 정조는 담배를 금해야 하면서도 금하지 못하는 난처한 상황에 놓이게 됩니다. 이러한 사회문제를 해결하고자 초계문신에게 조선의 만백성이 담배를 즐길 수 있는 대책을 마련하라는 문제를 내게 됩니다.

왕은 말하노라.

여러 가지 식물 중에 사용함에 이롭고 사람에게 유익한 것으로는 남령초만 한 것이 없다. 이 풀은 『본초』에도 실려 있지 않고 『이아』에도 보이지 않으며, 후세에 나와서 약상자 속의 소홀히 다룰 수 없는 필수품이 되었다. 일찍이 논의하여 보니, 맛은 제호를 깔보고 향기는 난지를 얕보며, 술에 비교하면 관중의 실언한다는 잘못은 없고 선왕의 합환한다는 취지가 있으며, 차에 비하면 왕몽이 억지로 마시게 하는 괴로움은 없고 선가에서 즉시 쾌유하는 효과가 있다. (중략)

나는 어릴 적부터 다른 기호품은 없었으나 오직 책 읽는 것을 좋아하였으니, 연구하고 탐닉하느라 마음과 몸에 피로가 쌓인 지 수십 년에 책 속에서 생긴 병이 마침내 가슴속에 항시 막혀 있어서 혹 뜬눈으로 밤을 지새우기도 하였다. 그리고 즉위를 한 이래로는 책을 읽던 버릇이 일체 정무로까지 옮겨져서 그 증세가 더욱 심해졌으므로 복용한 빈랑나무 열매와 쥐눈이콩만도 근이나 포대로 계산하여야 할 정도였고, 백방으로 약을 구하여 보았지마는 오직 이 남령초에서만 힘을 얻게 되었다. 화기로 한담을 공격하니 가슴에 막혔던 것이 자연히 없어졌고, 연기의 진액이 폐장을 윤택하게 하여 밤잠을 안온하게 잘 수 있었다. 정치의 득과 실을 깊이 생각할 때에 뒤엉켜서 요란한 마음을 맑은 거울로 비추어 요령을 잡게 하는 것도 그 힘이며, 갑이냐 을이냐를 교정하여 퇴고할 때에 생각을 짜내느라 고심하는 번뇌를 공평하게 저울질하게 하는 것도 그 힘이다. (중략)

중국 사람은 남령초라고 부르고, 동방 사람은 남초라고 부르며, 민인은 연엽이라고 부른다. 또한 박물가들은 연다라고 하기도 하고 연초라고 하기도 하는데, 어느 것으로 정확한 명칭을 삼아야 하겠느냐? 당초에는 이 풀의 성질이 술을 깨게 하고 기분을 안정시킨다고 하여 죽통에 넣고 불을 붙여 연기를 흡입하여 보았는데, 매우 신기한 효험이 있었으나 독이 있을까 염려되어 감히 가벼이 시험하지 못하였다.

그런데 그 후에 그 효능을 알아낸 자들은 대부분 말하기를 간장을 억제하고 비위를 도우며 마비 증세를 없애고 습담을 제거하니, 사람에게 유익함은 있어도 실제로 독은 없다고 하였다. 점차 세상에 성행하게 되고 심지어는 말 한 필과 남초 일근을 바꾸기도 하며, 지금에 와서는 곳곳에 재배하고 사람마다 효험을 보고 있는데, 금지하자는 것이 무슨 말인가. 쓰임에 유용하고 사람에게 유익한 것으로 말하자면 차나 술보다 낫다고 할 수 있다.

어떤 이는, "『본초』 중에는 색상이나 취미가 오늘날의 이름과 맞지 않는 것이 많이 있는데, 이 풀도 실지로 본초에 있는 것인데 사람들이 깨닫지 못하고 있는지도 모른다"고 하니, 이 말은 어떠한가? 그리고 어떤 이는 "당나라 태종 때 흥경지 남쪽의 술을 깨게 하는 풀이라는 것이 이 종류가 아니겠느냐. 중원에는 예로부터 있어왔는데 단지 박식한 이를 만나지 못하였을 뿐이다"라고 하는데, 이 설은 또한 어떠하냐? 자대부들은 들은 것을 다하여 여러 방면으로 인용하고

곡진하게 증명하여 보아라. 내 친히 열람하리라.

『홍재전서』 52권, 책문5

이렇듯 정조는 자신에게 마음의 평안함을 가져다주는 담배를 만백성과 함께 나누고 싶었던 것입니다. 좋은 것을 백성과 함께하고자 하는 임금의 여민동락(與民同樂)의 마음을 느낄 수 있습니다. 또 한편으로는 담배가 아니고서는 치유할 수 없는 가슴의 답답함을 지니고 있었던 정조의 삶이 안쓰러워지기도 합니다. 임금의 고된 하루를 담배의 진한 연기로 날려버리고 싶어한, 고독하면서도 쓸쓸해 보이는 정조의 모습이 떠오릅니다.

🏵 실록 하루 동안 많은 일이 일어남

『정조실록』에는 정조가 승하하는 날, 그 하루 동안 나누었던 대화가 자세히 기록되어 있습니다. 그중 정조의 죽음과 관련이 깊은 내용만을 간추리면 다음과 같습니다.

상이 무슨 분부가 있는 것 같아 자세히 들어보니 '수정전' 세 자였는데 수정전은 왕대비(정순왕후)가 거처하는 곳이다. 마침내 더 이상 말을 하지 못하므로 신하들이 큰 소리로 신들

장면 6. 독살(毒殺)? 독살(獨殺)!

이 들어왔다고 아뢰었으나 상은 대답이 없었다.

(중략)

혜경궁이 승전색을 통해 분부하기를,

"동궁이 방금 소리쳐 울면서 나아가 안부를 묻고 싶어하므로 지금 함께 나아가려 하니 제신은 잠시 물러나 기다리도록 하시오."

하므로 환지 등이 물러가 문 밖에서 기다렸다. 조금 뒤에 환지 등이 문 밖 가까이 다가가 큰 소리로 신들이 이제 들어가겠다고 아뢰었다. 자궁(혜경궁 홍씨)이 대내로 들어가자 환지 등이 다시 들어왔다.

(중략)

왕대비가 분부하기를,

"내가 직접 받들어 올려드리고 싶으니 경들은 잠시 물러가시오."

하므로, 환지 등이 명을 받고 잠시 문 밖으로 물러나왔다. 조금 뒤에 방 안에서 곡하는 소리가 들리자 환지와 시수 등이 문 밖으로 바싹 다가가 큰 소리로 번갈아 아뢰기를,

"신들이 이와 같은 망극한 변을 만나 지금 사백 년의 종묘사직의 안전이 극도로 위태롭게 되었는데 신들이 우러러 믿는

곳이라고는 우리 왕대비전하와 자궁저하일 뿐입니다. 동궁
저하께서 나이가 아직 어리므로 감싸고 보호하는 책임이 우
리 자전전하(정순왕후)와 자궁저하에게 달려 있을 뿐인데 어
찌 그 점을 생각지 않고 이처럼 감정대로 행동하십니까. 게
다가 국가의 예법도 지극히 엄중하니 즉시 대내로 돌아가소
서." 하였는데, 한참 뒤에 자전은 비로소 대내로 돌아갔다.

정조 24년(1800년) 6월 28일

실록의 기록에서 볼 수 있듯이, 정조가 죽는 날에는 혜경궁
홍씨와 정순왕후 모두 정조를 직접 살펴보았으며, 정조의 임종
을 지킨 것은 정순왕후로 되어 있습니다. 그런 까닭에 정순왕후
의 독살설이 끊임없이 제기되고 있는 것입니다.

⊛ 『수민묘전』

정조가 직접 편찬한 의학 서적입니다. 정조는 젊어서부터
의방서를 즐겨 읽어왔고, 선왕인 영조가 아플 때 10년 동안이나
친히 옆에서 모셨으며, 자신이 병이 났을 때에도 스스로 의약처
방을 논의할 정도였습니다. 정조는 허준의 『동의보감』 중에서 우
리 풍습에 적합한 것을 직접 골라 모아서 『수민묘전』 4권을 만들

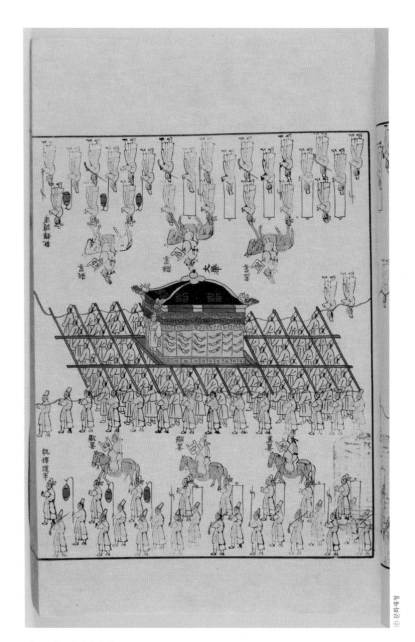

정조국장도감의궤 반차도
정조의 장례를 치르는 과정 중 창경궁 환경전에서 발인하여 장지까지 옮기는 행사에 대한 기록
을 정리한 것이다.

고, 속편으로 탕액 등의 치료법 5권을 편성했습니다. 현재 속편 5권은 남아 있지 않습니다.

❖ 조선 왕 27명 중 12명이 종기 때문에 죽었다?

조선왕조의 임금 27명 중 절반에 가까운 12명이 종기를 앓았습니다. 종기로 말미암아 상당 기간 고통에 시달린 임금도 있고 종기로 사망에 이른 임금도 있습니다. 기록상 종기가 직접적인 사인인 임금으로는 문종, 성종, 효종, 정조 등 4명입니다. 현대인들은 종기로 인한 죽음을 의아하게 생각하지만, 조선시대에는 종기가 죽음까지 이를 수 있는 병이었습니다. 위생 상태가 좋아지고 항생제가 발달한 요즘 시대와 달리 조선시대는 종기가 자주 발생할 수 있는 환경이었습니다. 또한 왕들은 스트레스도 많고, 더운 여름에도 옷을 편하고 시원하게 입지 못했기 때문에 일반 백성보다 더 종기의 위협을 받은 것입니다. 또한 조선의 왕실인 이성계의 집안에는 상열하한 등의 가족력이 작용하여 지루성 피부염이 자주 발생했던 것으로 보입니다.

❖ 종기로 인한 죽음

정조 24년(1800년) 6월 28일, 삼복더위 속에서 종기로 고통

장면 6. 독살(毒殺)? 독살(獨殺)!

받던 정조는 한스러운 죽음을 맞이하게 됩니다. 6월 초 무렵부터 시작되었던 종기를 치료하기 위해 여러 가지 처방을 했지만, 병세의 악화를 막을 수는 없었습니다. 결국 창경궁 영춘헌에서 49세의 나이에 다 이루지 못한 일들을 남겨둔 채 세상을 떠나게 됩니다.

정조의 죽음과 관련하여 '독살설'이 널리 알려져 있습니다. 정조가 죽을 당시 정조는 남인을 적극 등용하고 있었습니다. 남인들은 숙종 대의 갑술환국(1694년) 이후, 중앙 정계에서 완전히 밀려나 있는 상황이었죠. 그러나 정조는 남인을 적극 정계에 진출시키려고 하였고, 이러한 상황은 영남 남인들에게 100년 만에 찾아온 희망이었습니다. 하지만 정조의 다소 급작스러운 죽음으로 영남 남인들의 기대는 무너져버렸고, 여기서 발생한 충격과 좌절감이 독살설로 표현되었습니다.

⊛「고금도 장씨 딸에 대한 기사」

정약용의 『다산 시문집』 가운데 「고금도 장씨 딸에 대한 기사」에 정조의 복수를 위해 들고일어났던 이야기가 전해집니다. 「고금도 장씨 딸에 대한 기사」의 내용은 다음과 같습니다.

순조 즉위년(1800년) 인동부사 이갑회가 부친의 회갑을 축하하며 잔치를 열었습니다. 이 자리에서 장현경과 그의 아버지는 정조의 억울한 죽음을 한탄하면서 이 같은 세태에 분개하였습니다. 이갑회는 이를 상부 기관에 '반역죄'로 고발하였고, 장현경 일족을 체포하라는 지시를 받아 이들을 체포합니다. 하지만 막상 조정에서 안핵사를 파견하여 이에 대한 조사를 했더니, 정확한 증거를 찾기가 어려웠고 끝내 장현경은 달아났다고 합니다.

이후 장현경의 가족들은 전라도 강진의 신지도로 유배되었습니다. 이때 유배된 그의 가족으로는 처와 큰딸, 작은딸, 그리고 아들이었습니다. 순조 9년(1809년), 장현경의 큰딸이 22살이 되었는데, 그 일대에서 근무하는 병졸이 날마다 그 딸을 희롱하며 "네가 비록 거절하지만 끝내는 내 아내가 될 것이다"라고 모욕을 하였습니다. 결국 그녀는 수치심과 분노를 견디지 못하고 바다에 투신하여 목숨을 끊었습니다. 그녀의 어머니가 큰딸을 쫓아갔으나 잡지 못하였고, 자신도 투신을 합니다. 그러면서 자신을 뒤따라오던 작은딸에게 관아에 고발하고 남동생을 잘 키울 것을 당부하였습니다.

작은딸은 관부에 고발을 하였지만, 관부에서 뇌물을 주고받으면서 이러한 사실을 은폐하였고 병졸 역시 처벌받지 않았습니다. 이듬해부터 남쪽에서 큰 태풍이 불었습니다. 이때 바람을 타고 바닷물이 날려 염우가 되었고 섬의 농사를 망쳐 흉년이 계속되었다고 합니다.

당시 정조의 죽음과 관련하여 지방의 백성들도 독살을 의심하고 있었음을 보여주는 내용입니다. 정조의 죽음과 관련해서는 "당시의 정승이 역적 의원 심인을 추천하여 임금의 병환을 돌보는 척하며 독약을 올려 바치게 하여 정조가 돌아가셨는데"라는 구체적인 서술이 있습니다. 하지만 이는 훌륭한 인물의 갑작스러운 죽음에 항상 따라다니는 풍문에 불과한 것으로, 실제로 정조의 죽음 이후 정순왕후와 노론이 집권하기는 하였으나, 이미 정조의 병세가 죽음에 가까워지고 있었기 때문에 굳이 독살할 필요성을 느끼지는 않았을 것입니다.

❀ 200년 뒤에 다시 돌아온 독살설

정조의 죽음이 다시 사람들에게 회자된 것은 정조가 세상을 떠난 뒤 200여 년이 흐른 현재입니다. 『조선 왕 독살사건』이라는 흥미로운 제목의 책이 나오면서 사람들이 다시 정조의 죽음을 주목하게 되죠. 또한 영화나 드라마에서 흥미 위주로 정조를 다루면서, 정조가 독살당했다는 것이 일반인들에게 정설로 받아들여지는 분위기가 조성되었습니다. 그러나 이는 하나의 설에 불과할 뿐, 역사적으로 믿을 만한 근거가 있다고 판단하기는 어렵습니다. 그동안 정조 독살설의 가장 유력한 용의자는 심환지였습니다. 그런데 심환지와 정조가 4년 동안 360여 통의 비밀 편지를 주고받았던 사실이 밝혀지면서 심환지의 누명이 벗겨지는 듯 보입니다. 정조와 대립각을 세우고 있는 심환지가 정조의 밀서를 받고 있었다는 사실로 심환지의 살해 의도가 해소되었기 때문이죠. 하지만 한편에서는 독살설이 유효함을 이야기하고 있습니다.

역사는 과거의 이야기이기 때문에 정확한 사실을 알기란 쉽지 않습니다. 여러 가지 사료와 개연성 있는 유추에 의해서 정조의 죽음을 해석하는 것은 이를 지켜보는 입장에서는 흥미로운 일입니다. 하지만, 내가 정조라면 어떤 생각이 들까요? 정말로 독살된 것이 맞는다면 억울한 내 죽음을 밝혀주기를 원할까요? 독살이 아니라 병으로 죽은 것이 맞는다면 이제 그만 나에 죽음에 대해 이러쿵저러쿵하지 않고 조용해지기를 바랄까요? 어느 쪽이

장면 6. 독살(毒殺)? 독살(獨殺)!

든 상관없이 200년도 더 지난 지금이라면 이제 그만 조용히 저세상으로 넘어가고 싶은 마음일 것이란 생각도 듭니다. 과거의 죽음을 정확하게 밝히는 것도 중요하겠지만, 현재를 살아가는 사람들이 더 행복하기를 바라는 것이 임금의 마음이며 이 세상을 살았던 한 인간의 바람일 것입니다. 죽고 난 다음 누군가가 나를 기억해주는 것은 고맙고 행복한 일이나, 죽음을 둘러싼 공방은 사양하고 싶을 것입니다.

정조의 한마디

백성이 배고프면 나도 배고프다

임금님이 기거하는 침실의 동쪽과 서쪽 벽에 재해를 입은 여러 도를 세 등급으로 나누어 고을 이름과 수령의 성명 및 세금 경감과 구휼과 관련한 조목을 죽 써놓았다. 한 가지 일을 할 때마다 그 위에 친히 기록하셨다. 그러고는 신하를 돌아보며 이렇게 말씀하셨다.

"백성이 배고프면 나도 배고프고 백성이 배부르면 나도 배부르다. 더구나 재해를 구하고 피해를 입은 백성을 돌보는 것은 특히 시기를 놓치지 않도록 서둘러야 한다. 이것은 백성의 목숨이 달려 있는 사안이므로 잠시라도 중단할 수 없다. 오늘 한 가지 업무를 보고 내일 또 한 가지 일을 처리한다면 곤경에 처한 우리 백성들이 편안한 자리로 옮겨갈 것이다. 그런 뒤에야 내 마음도 편안할 것이다. 학문과 사업은 원래 두 가지 길이 아니다. 진실하게 힘을 오래 쌓아서 물 뿌리고 청소하는 일에서부터 나라를 다스리고 천하를 태평하게 하는 일에 이르러야 공부의 극치를 이루었다고 할 수 있다. 사업과 학문을 막론하고 중도에 그만둬서 이전까지 일구어놓은 공까지 버려서는 안 된다."

『홍재전서』 중에서

이 문장은 1783년에 정조가 행한 일과 말을 기록한 것입니다. 여기서 정조의 치밀한 업무수행 능력을 파악할 수 있습니다. 백성과 관련해서 가장 중요한 일은 자신이 직접 표시하여 챙기는 성군으로서의 세심함을 느낄 수 있죠. 또한 그 무엇보다도 "백성이 배고프면 나도 배고프고 백성이 배부르면 나도 배부르다"에서 백성에게 가장 중요한 먹고사는 문제를 자신의 문제와 동일시하는 모습이 매우 감동적이라 할 수 있습니다. 실제로 정조는 백성들이 배불리 먹고사는 것에 대해 고민이 많았으며, 이를 화성에서 실현해보려고 했습니다. 백성을 극진히 사랑하는 인간 정조의 마음을 가장 극명하게 보여주는 한마디입니다.

정조 관련 연표

숙종 20년	1694. 9. 13	할아버지 영조 태어남.
숙종 45년	1719	큰아버지이자 양아버지인 효장세자 태어남.
경종 즉위년	1720. 6. 13	경종 즉위.
영조 즉위년	1724. 8. 30	영조 즉위.
영조 4년	1728. 11. 16	효장세자 사망.
영조 11년	1735. 1. 21	아버지 사도세자 태어남.
	1735. 6. 18	어머니 혜경궁 홍씨 태어남.
영조 12년	1736. 3. 15	사도세자 세자로 책봉됨.
영조 20년	1744. 1. 11	사도세자와 혜경궁 홍씨 혼인.
영조 24년	1748. 6. 24	화평옹주 사망.
영조 25년	1749. 1. 27	사도세자의 대리청정.
영조 28년	1752. 9. 22	정조 태어남.
영조 35년	1759. 6. 22	영조와 정순왕후 혼인.
영조 37년	1761. 3. 30	사도세자 평양행(약 10일간).
영조 38년	1762. 2. 2	정조와 효의왕후 혼인.
	1762. 윤 5. 13	사도세자 뒤주에 갇힘.*
	1762. 윤 5. 21	사도세자 사망.
	1762. 7. 24	세손 정조, 동궁으로 책봉됨.*
영조 40년	1764. 2. 21	정조, 효장세자의 아들로 입적.*
영조 48년	1772. 9. 26	정조와 홍국영의 첫 만남.*
영조 51년	1775. 12. 7	동궁 정조의 대리청정.*
영조 52년	1776. 3. 5	영조 승하.
정조 즉위년	1776. 3. 10	정조 즉위.*
정조 1년	1777. 7. 28	존현각 사건 발생.*
정조 3년	1779. 9. 26	홍국영 벼슬에서 쫓겨남.
정조 13년	1789. 10. 17	사도세자의 묘를 화성으로 옮김.
정조 14년	1790. 6. 18	아들 순조 태어남.
정조 18년	1794. 1. 15	수원 화성 축조를 명함.
정조 19년	1795. 윤 2. 9	혜경궁 홍씨와 사도세자의 환갑을 맞아 화성으로 행차.*
정조 20년	1796. 10.	화성 완공.
정조 24년	1800. 6. 28	정조, 창경궁 영춘헌에서 승하.*

＊ : 이 책에서 다루는 장면들.

역적의 아들, 정조

ⓒ설민석 2014

1판 1쇄 2014년 5월 2일
1판 7쇄 2017년 2월 3일

지은이 설민석
펴낸이 황상욱

기획 황상욱 윤해승 **편집** 황상욱 윤해승
디자인 이정민 **마케팅** 방미연 최향모 오혜림
홍보 김희숙 김상만 이천희
제작 강신은 김동욱 임현식 **제작처** 영신사

펴낸곳 (주)휴먼큐브
출판등록 2015년 7월 24일 제406-2015-000096호

주소 10881 경기도 파주시 회동길 210 1층
문의전화 031-955-1902(편집) 031-955-1935(마케팅) 031-955-8855(팩스)
전자우편 forviya@munhak.com

ISBN 978-89-546-2470-1 03910

■ (주)휴먼큐브는 (주)문학동네 출판그룹의 계열사입니다. 이 책의 판권은 지은이와 휴먼큐브에 있습니다.

트위터 @humancube44 **페이스북** fb.com/humancube44